영업은
결과로
말한다

어떤 조직에서도
성과를 내는
현장지휘관의
영업 시스템

영업은 결과로 말한다

유장준 지음

흐름출판

피가 흐르지 않는 사람은 죽는다
매출이 흐르지 않는 기업은 망한다

2015년 가을쯤, 친한 후배에게 전화를 받았다.

"형님을 영업이사로 영입하고 싶다는 회사가 있는데, 혹시 관심 있으세요?"

후배와 인연이 있는 그 회사는 경험이 풍부한 영업 책임자를 구하고 있었다. 나는 소프트뱅크커머스, 휴렛팩커드, 오라클 등 글로벌 기업에서 16년 넘게 영업과 마케팅 업무를 해왔다. 회사는 필드 영업은 물론 채널 세일즈, 인사이드 세일즈, B2B 마케팅, 영업팀 교육까지 다양한 경험을 통해 축적된 내 영업 노하우가 필요하다고 했다.

당시 나는 오라클에서 퇴사하고 한창 사업을 준비하는 중이어서 선뜻 구미가 당기지 않았다. 그런데 회사 측에서 몇 번이고 나를 찾아와 합류하기를 요청했고, 나 또한 평소 스타트업이 어떻게 운영되는지 궁금했기에 함께하기로 했다.

회사 대표는 매출이 절실히 요구되는 상황이라며, 두 가지를 요구했다. 첫째, 회사의 생존과 투자 유치를 위해 무조건 유의미한 영업 실적을 내야 한다. 둘째, 영업 담당자들에게 영업 마인드와 시스템을 전수해달라. 업력이 얼마 안 되는 작은 규모의 회사였지만 대표의 요구 사항은 핵심을 찔렀다. 대표가 이 정도 의지가 있다면 해볼 만하다고 판단했다.

그러나 출근 첫날, 영업팀 주간 회의를 마치고 눈앞이 캄캄해졌다. 내가 영업 담당자들에게 던진 첫 질문은 이랬다.

"영업 파이프라인 리포트 좀 볼까요?"

"……."

대답이 없었다. 너무 당연한 질문을 했나 싶어서 좀 더 자세하게 물었다.

"영업 파이프라인은 목표와 대비해서 충분한 수준입니까?" "이번 분기 예상 매출액은 얼마입니까?" "액션 플랜은 어떻게 됩니까?" "영업 단계별 전환율은 어떻습니까?" "영업 담당자들의 핵심성과지표는 무엇입니까?"

그날 나는 만족할만한 대답을 듣지 못했다. 영업 실적에 대해 논의하는 것은 고사하고, 숫자로 구성된 영업 목표는 물론 그 어떤 전략 전술도 없었다. 성과를 내겠다는 의욕은 넘쳐났지만 정작 기본적인 영업 시스템이 전무했다. 영업 시스템이란 영업 목표를 설정하고, 영업 활동을 수행하고, 영업 진행 상황을 점검하며, 영업 과정 및 결과에 대한 피드백을 주고받는 일련의 프로세스를 말한다. 기초적인 시스템이 없으니 어디서부터 손을 대야 할지 난감했다.

흔히 영업이라고 하면 '발에 땀나도록' 뛰면 되는 것 아니냐고 생각하기 쉽다. 하지만, 그건 호랑이 담배 피우던 시절의 이야기다. 고(故) 정주영 현대건설 회장이 거북선이 그려진 500원짜리 지폐를 들고 조선소를 건설하는 데 필요한 차관을 빌려왔다는 이야기는 전설로만 남겨둬야 하는 세상이 됐다.

영업력이 강한 기업, 결과를 내는 영업 조직은 회사마다 용어는 달라도 내가 던진 질문들에 매일 묻고 답한다. 영업 시스템의 형태가 유형이냐 무형이냐는 기업이 처한 환경에 따라 다르겠지만, 어쨌든 이런 질문들에 답을 할 수 있어야 한다. 만약 당신이 속한 조직이 이런 질문들에 구체적인 답을 내놓지 못한다면, 미안하지만 영업 시스템이 없다고 봐야 한다(열심히 하고 있다는 말은 결코 답이 아니다).

그 후 나는 당장 매출을 올리기 위해 영업 조직을 독려하면서 하나하나 시스템을 세워 나갔다. 파이프라인이 무엇인지도 모르던 영업 담당자들도 내 뜻에 잘 따라와줬다. 그렇게 1년이 지나자 매출은 다섯 배 이상 늘었고 외부 투자도 받을 수 있게 됐다.

그런데 스타트업에 종사하면서 만난 다른 스타트업들도 이와 비슷한 상황으로 인해 고민하고 있는 것을 발견했다. 안타깝게도 매출을 내지 못하는 기업들이 상당수였고, 대부분 영업 시스템이 없거나 제대로 돌아가지 않았다. 이제 막 출발선에 선 기업이니 당연히 시스템이 없고, 매출이 낮을 수밖에 없는 것 아닌가 따질 수도 있다. 하지만 기존 기업에 비해 자본도 조직력도 없는 스타트업이 살아남기 위해서는 톡톡 튀는 사업 아이템이나 뛰어난 기술력보다 필요한 것이 당장 매출을 내는 영업력이다.

피가 흐르지 않는 사람은 죽는다. 마찬가지로 매출(돈)이 흐르지 않는 기업은 망한다. 영업은 기업의 최전선인 동시에 최후의 보루다. 그래서 영업은 결과로 말해야 한다. 그리고 그 결과는 영업 시스템에 의해 좌우된다. 이 책에는 실질적인 성과를 내는 영업 시스템을 구축하고, 운영하며, 이를 조직의 습관으로 안착시키는 방법을 담았다.

좀 더 구체적으로 설명하면 조직의 목표와 영업 액션 플랜을 동기화해 영업 결과는 물론, 영업 과정을 체계적으로 측정하고 이를 통해 영업 능력을 개선하는 방법을 알아본다. 또한 매주, 매월, 매분기 영업 활동에 따른 결과를 모니터링해 조직의 비즈니스 목표를 달성하는 프로세스를 살펴보고, 영업 담당자들의 구체적인 직무 설계 점검을 통해 영업 활동과 각 영업 단계별 효율성을 측정하는 법을 소개한다.

뜬구름 잡는 이야기는 하지 않으려고 노력했다. 내가 매일 전쟁 같은 현장에서 시행착오를 겪으며 영업을 익혔고, 부족한 부분을 채우기 위해 이론을 공부했기 때문에 '현장감 없는' 이론들이 얼마나 쓸모없는지 잘 알고 있다. 어떻게 하면 실질적인 성과를 낼 수 있는지 구체적인 방법을 담았다. 특히 영업 시스템의 4단계 G-A-P-R 프로세스는 꼭 읽어주기 바란다. 목표 설정(Goal Setting), 액션 플랜 설정(Action Plans), 영업 파이프라인 관리(Pipeline Management), 리포트 관리(Report Management)가 바로 그것이다. 풀어서 설명하면 목표를 설정하고, 그것에 대한 액션 플랜을 정해서 파이프라인으로 상황을 모니터링하며, 이를 리포트로 정리해 피드백을 주고받는 과정을 말한다.

여기서 핵심은 모니터링과 피드백이다. 영업 프로세스는 자동차 계기판과 비슷하다. 영업을 어떻게 얼마나 하고 있는지 체크해 모자란 부분은 채우고 놓친 부분은 반드시 짚고 넘어가야 한다.

이 같은 영업 프로세스는 조직에 뿌리내리기는 어려워도 자전거 타기를 한번 배우고 나면 오랜 시간이 지난 뒤에도 탈 수 있는 것처럼 일단 익히고 나면 조직의 습관으로 자리 잡을 것이다.

공신닷컴의 강성태 대표가 방송에 출연해 공부 잘하는 비결로 내가 말한 영업 시스템과 비슷한 취지의 이야기를 한 적이 있다. 학생들이 왜 공부를 못할까? 강성태 대표가 오랜 시간 동안 지켜본 결과, 학생들이 공부를 못하는 이유는 단지 공부를 지속적으로 하지 않는다는 데 있었다. 왜 그럴까? 긍정적인 동기 부여도 해주고 때론 야단도 쳐가며 자극을 주어도 그때뿐이라는 것이다. 어떤 행동을 자기주도적으로 꾸준히 하지 않는다면 근본적으로 달라질 수 없다는 주장이다.

그런 관찰의 결과, 강성태 대표가 만든 것이 '66일짜리 습관 달력'이다. 자신이 직접 목표를 정하고 그것을 매일 이행하고 나서 체크하는 66칸의 표다. 여기에 자신이 실행한 것을 체크하고 그것을 계기판 삼아 모니터링하다 보면, 막연하던 것이 분명해지고 점점 나아지고 있다는 것이 보인다는 것이다. 그러다 보면 어느새 습관이 되고 그것이 바로 목표 달성을 위한 일종의 프로세스가 되는 것이다. 이 개념은 바로 내가 주장하는 영업 프로세스와 맥을 같이한다.

나는 글로벌 기업과 스타트업 등 십수 년간 현장에서 뛰고 멘토링, 컨설팅을 하면서 두 기업 집단의 큰 차이점을 발견할 수 있었다. 글로벌 기업은 서류 업무가 방대하고, 법적 혹은 재무적 검토를 철저히 하며, 액션 플랜과 실적을 매우 중시한다. 그래서 리스크 관리에 강하고, 어느 정도 매출 예상이 가능하다. 반면, 스타트업은 간결하고 신속한 의사소통과 디지털 시대에 걸맞은 혁신적인 비즈니스 모델을 갖췄다. 날로 중요해지는 온라인과 모바일 환경에 유연하게 대처할 수 있다. 글로벌 기업은 영업 역량을 중시하는 반면, 스타트업은 마케팅 역량을 중시한다. 그러나 안타깝게도 스타트업은 대체적으로 마케팅 역량이 뛰어나지만 영업 역량이 부족하다. 이 부분을 영업 시스템으로 개선한다면 성공률이 높아질 것이다.

세계적인 영화감독 우디 앨런은 "성공의 8할은 그저 출석하는 것이다"라고 했다. 기업의 성공 방정식 또한 출석, 즉 실행력Execution에 달려 있다. 영업의 최고 미덕도 바로 실행력이다. 실행력은 열심히 하겠다는 각오를 다진다고 생겨나지 않는다. 시스템을 통해 지속적으로 평가하고 재설정해야 생겨난다. 영업 시스템을 통해 실행력이 강한 조직, 그래서 결과를 내는 조직으로 거듭나기 바란다.

끝으로 기민한 편집과 조언을 해준 흐름출판 편집팀에 고마운 마음을 전한다. 평생토록 끊임없는 사랑으로 듬직하게 후원해주신 아버지, 그리고 어머니께 최고의 감사를 드린다.

유장준

제2장

STEP 1 영업 시스템 구축
분석하고, 쪼개고, 평가한다

제3장

STEP 2 고객 발견
찾지 마라. 찾아오게 하라

제4장
STEP 3 고객 유인
성공의 8할은 일단 눈에 띄는 것이다

01. 고객을 유혹하라

02. 모든 고객을 만족시킬 수는 없다

제5장
STEP 4 제안 및 가격 전략
영업은 디테일이다

01. 유능한 영업 담당자의 소통법

02. 유능한 영업 담당자의 제안서 쓰기

03. 유능한 영업 담당자의 가격 전략

04. 유능한 영업 담당자의 거절 대응법

제6장
STEP 5 클로징과 고객 유지
영업은 결과로 완성된다

01. 결국, 클로징

02. 한번 고객을 내 편으로 만드는 법

1장

영업이 밥이다

포기함으로써 좌절할 것인가,

저항함으로써 방어할 것인가,

도전함으로써 비약할 것인가.

다만 확실한 것은

보다 험난한 길이 남아 있으리라는 예감이다.

이 밤에 나는 예감을 응시하며 빗소리를 듣는다.

— 박경리, 《토지》

01
—
왜 그 회사는
망했을까?

Q : 창업 1년 차 기업입니다. 최근 자금난을 겪고 있습니다.
　　어떻게 해야 투자를 유치할 수 있을까요?

A : 조금이라도 매출이 발생하고, 매출이 계속 증가세를 보
　　인다면 투자자는 반드시 찾아옵니다. 신생 기업에는 멋진
　　사업계획, 새로운 아이디어만큼 중요한 능력이 바로 영
　　업력입니다. 투자를 유치하기에 앞서 영업 활동에 얼마
　　나 많은 노력을 기울였는지 점검해야 합니다. 투자자를
　　찾기 전에 먼저 우리 제품(서비스)을 사줄 고객을 만나야
　　합니다.

"저는 영업사원이 아닌데요"

　내가 사는 집은 굉장히 오래된 주택이다. 곳곳에 페인트가 벗어
져 있는 등 손볼 곳이 한두 군데가 아니다. 집수리를 하려고 마음먹
고 나니 페인트칠만 하기에는 아쉬웠다. 요즘 셀프 인테리어가 유행
이라고 하는데, 나도 전문가의 도움 없이 외장재나 타일을 붙여볼까
하고 손쉬운 방법을 찾아보았다. 이것저것 알아보다가 찾아간 곳이
일산 킨텍스에서 열린 하우징페어housing fair였다.

　하우징페어는 각종 건축자재, 기계, 내외장재, 단열재, 냉난방, 조
경설비뿐만 아니라 홈시큐리티, IoT 서비스 등 건축과 관련된 다양

한 하드웨어와 소프트웨어 제품이 소개되는 전시회다. 국내의 대표적인 하우징페어인 경향하우징페어의 경우 매년 900여 개 정도의 관련 기업이 참가하고 20만여 명의 관람객이 왔다 간다고 하니 이 정도면 관련 업계의 웬만한 업체는 모두 출동하는 메이저급 행사라고 할 수 있다.

기업 입장에서 보면 이런 전시회는 전형적인 오프라인 마케팅 행사다. 전시회의 규모나 지역에 따라 차이는 나지만, 3제곱미터 정도의 조립부스 1곳당 200만~300만 원 정도의 대관료가 든다. 가장 기본적인 부스가 그 정도니 조금 신경 써서 부스를 2~3곳 정도 빌리고 상품안내서, 광고지 등 마케팅 콜래트럴Marketing Collateral과 포스터, 엑스배너 같은 POP물을 제작하면 비용은 너끈히 수천만 원을 넘어선다. 여기에다 대개 4일 정도 진행되는 전시회 기간 내내 회사 인력을 3~4명 배치한다고 보면 비용은 더 높아진다.

중견 회사에도 만만치 않은 비용이 드는 행사이니 소규모 기업이나 스타트업에는 적지 않은 부담인 게 당연하다. 하지만 고객에게 회사의 제품을 직접 소개할 수 있는 자리인 만큼 중요한 전시회는 빠질 수 없는 소중한 기회다. 홍보, 영업력이 떨어지는 스타트업에 이런 행사는 회사를 알릴 좋은 기회이므로 더더욱 그렇다.

하우징페어를 찾은 나는 눈에 확 띄는 대기업의 대형 부스에서 나눠주는 기념품을 한아름 챙기고 나서 천천히 전시장을 둘러보았다. 마침 관심 있던 주택 창문용 접이식 햇빛 가리개를 취급하는 업체의 부스를 발견했다. 한 번도 들어본 적 없는 중소기업 제품이었다. 딱 이거다 싶은 제품은 아니었지만 인테리어 소품으로 햇빛 가리개를 찾고 있던 터라 가격만 저렴하다면 그 자리에서 구매할 요량이었다. 부스에선 직원으로 보이는 남자가 열심히 노트북을 쳐다보고 있었다. 말 걸기가 약간 망설여졌지만 조심스럽게 질문을 던졌다.

"저기, 이 햇빛 가리개 얼마예요?"

"……."

대답이 없었다. 명찰을 단 직원으로부터 왠지 원하는 답변을 듣지 못할 것 같은 불길한 예감이 들었다. 약간 부드러운 목소리로 다시 자세히 물어봤다.

"이 햇빛 가리개 어떻게 팔아요? 길이에 따라 값을 매기시나요? 배달은 될까요?"

홍보차 전시장에 나온 회사 관련자라면 전혀 어렵지 않을 질문이었다. 마침내 직원이 입을 열었다.

"아, 저는 영업사원이 아니라서 잘 모릅니다."

대화가 중단됐다. 대단히 놀라운 답변이었다. 어쩌면 대단히 창의적인 답변이라고 할 수도 있을 것이다. 누군가는 질문 내용이 어딘가 잘못됐겠지 그렇게 대답하는 직원이 어디 있겠냐고 의아해할지 모르겠다.

그러나 장담하건대 비즈니스 세계에서 여러 업체들과 미팅을 가지다 보면 이런 식의 반응을 보이는 사람들이 의외로 정말 많다. 왜 그럴까? 왜 그 직원은 자기네 회사 제품의 가격조차 모르고 있었던 것일까? 왜 그 직원은 잠재고객(그것도 적극적으로 구매 의사를 보이는 고객)을 앞에 두고 자신은 영업사원이 아니라는 답변을 했을까?

B2B_{Business to Business} 비즈니스를 해본 사람이라면 전혀 이해하지 못할 상황은 아니다. B2B의 경우 채널이나 티어_{Tier}마다 가격 정책이 다를 수 있고, 따라서 함부로 가격을 밝혀서는 안 되는 경우가 있다. 하지만 그렇다 해도 그 직원의 태도를 합당하다고는 할 수 없다. 적어도 회사에 고객 대응 프로세스가 있다면 다음과 같은 정도의 예상 답안을 기대할 수 있을 것이다. 그가 비록 영업 담당자가 아니더라도 말이다. 내가 직원이었다면 이렇게 답했을 것이다.

"저희 회사는 채널 정책이 다양해서 용도나 상황에 따라 제품의 가격이 각각 다르게 책정됩니다. 프로모션도 종종 진행하고요. 그런데 혹시 어느 용도로 쓰실 건가요? 얼마만큼 필요하신가요? 접이식이 있고 고정식이 있는데, 생각하신 제품은 어느 유형인가요? 시공할 위치는 어딘가요? 주택인가요? 아파트인가요? 아파트라면 몇 층인가요? 예산은 얼마 정도로 보고 계신지요? 괜찮으시면 명함이나 연락처를 주실 수 있나요? 전문 상담원을 통해서 더 자세한 설명을 드리겠습니다."

물론 이것이 백 점짜리 답안은 아니다. 하지만 적어도 다양한 질문을 던지는 과정에서 잠재고객에게 회사에 대한 신뢰를 줄 수 있고, 고객에 대해 다양한 정보를 얻을 수 있다. 고객이 예상치 못한 질문을 던졌다고 해서 회사 부스를 지키는 직원 입에서 "전 모릅니다"라는 답변이 나와선 안 된다. 게다가 잠재고객이 가격을 묻는 행위는 남녀 관계로 따지면 "너 나 좋아해?" 정도의 발언이다. "전 영업사원이 아닙니다"란 말 한마디로 이 직원은 잠재고객을 발로 차버린 셈이다.

안타깝게도 지금 이 순간에도 소중한 잠재고객을 열심히 내쫓고 있는 회사와 직원 들이 있다. 내가 영업사원이 아니라고 해서 상관없는 이야기라고 생각해선 안 된다. 자기 회사 제품의 가격을 모르는 직원이 있다는 데 놀라워하며 혹시 자신에게도 그런 면모가 없는지 되돌아봐야 한다.

물론 스타트업 중에는 제품을 개발하는 것만으로도 벅차서 영업에 신경을 쓸 시간이 없다고 볼멘소리를 하는 곳도 있다. 지금 중요한 것은 제품 개발과 투자라며, 영업을 뒤로 미뤄두기도 한다.

하지만 처음부터 모든 걸 다 갖추고 시작하는 기업은 없다. 스타트업일수록 자원(리소스)이 부족하기 마련이다. 특히 기술 중심의 스타트업은 영업 담당자가 따로 없는 경우도 있다. 그렇다 해서 자신은 영업 담당자가 아니니까 물건을 팔지 않아도 된다고 생각하는 직원이 많다면 그 회사의 미래는 뻔하다. 단언컨대 영업을 소홀히 하는 기업은 열 중 아홉은 망한다.

발상을 바꿔야 한다. 회사가 생존하려면 모든 직원이 영업자가 돼야 한다. 직무에 관계없이 영업 마인드Sales Leadership를 갖춰야 한다. 기업이 생존하기 위해서는 이윤이 나야 한다. 기업에서 일하겠다는 사람이 영업에 관심이 없다고 말하는 것 자체가 난센스다. 당신이 개발자이든, 마케터이든 상관없이 말이다.

팔려고 하지 않으니까 망한다

만약 내가 대표로 있는 회사에 영업 마인드가 부족한 직원들이 있고, 이들이 잠재고객을 내쫓고 있다면 어떻게 해야 할까? 교육을 하면 된다. HRDHuman Resource Development, 인적자원개발은 교육 프로그램을 통해 직원들이 얼마든지 개선되고 발전할 수 있다고 믿는다. 혹시 교육으로도 해결되지 않는다면 퇴근 후에 불러 어르고 달래서 설득할 수도 있다.

그러나 교육, 훈육의 차원으로 접근하는 것은 그다지 적절한 방법이 아니다. 누가 누굴 가르치겠나? 따지고 보면 직원이 "저는 영업사원이 아닌데요"라고 말하는 경우는, 개인에게 문제의 원인이 있는 게 아니다. 십중팔구 회사에 제대로 된 고객 대응 프로세스가 없기 때문이다. 더 심하게 말하면 '제품을 팔려는 의지', 즉 영업 마인드가 사내에 존재하지 않을 가능성이 높다. 업력이 얼마 안 된 기업의 경우, 대개 영업 마인드는 개개의 직원이 아니라 대표의 태도에 따라 좌우된다. 그런 점에서 우리나라 현실에는 안타까운 부분이 많다. 어느 스타트업 대표를 만났던 경험담을 소개한다.

스타트업 네트워킹 파티가 있었던 날이다. 그날 파티는 장소부터 남달랐다. 마음을 편안하게 해주는 원목 바닥에 북유럽 스타일 조명이 있는 홀에선 형형색색의 풍선들이 사람들의 움직임을 따라 둥둥 떠다녔다. 한쪽에 마련된 널찍한 테이블에는 정성 담긴 핑거푸드가 놓여 있었다. 실리콘밸리의 네트워킹 파트에서 한창 유행하는 음악

이 적절한 볼륨으로 흐르며 분위기를 띄우고 있었다.

네트워킹 파티의 한 순서로 네다섯 곳의 스타트업 대표들이 자신의 사업을 소개하는 프레젠테이션이 진행됐다. 프레젠테이션은 O2O_{Online to Offline}, 에듀테크, 핀테크, VR_{Virtual Reality} 등 최근 유행하는 분야 중심으로 진행됐다. 발표를 맡은 대표들은 대부분 자신이 진입하려는 시장이 미개척지이며 자신이 제공하려는 서비스가 해당 시장에 얼마나 잘 매칭_{Product Market Fit, PMF}되는지 강조했다. 스타트업답게 다들 성공에 대한 확신으로 가득 차 있었다.

그중에서 가장 눈길을 끈 것은 VR 서비스를 준비 중인 회사였다. 개발진의 역량도 훌륭해 보였고, 다른 곳에 비해 비전도 명확했다. 아니나 다를까 발표가 끝나자 VR 회사 대표 주위로 사람들이 몰려들었다. 그의 말을 더 들어보기 위해 나도 그 틈에 끼었다. 그 회사는 현재 시리즈 A 투자 유치_{Series A Round, 벤처캐피털이 사업 초기 단계의 기업에 투자하는 것}를 진행 중이며, 70%의 직원이 엔지니어라고 했다. 3D 렌더링, 동작 인식, 센싱 입력, 이미지 프로세싱 등 듣기만 해도 현기증 나는 기술들을 개발하기 위해 유학파와 국내 상위권 대학의 인재들을 적극 영입했다고 했다. 덕분에 자신들의 기술력은 미국, 프랑스 등 선진국의 경쟁사보다 뛰어나다고 강조했다. 이미 다수의 액셀러레이터들로부터 투자 문의를 받았으며, 지난달에는 정부가 국내 유망 스타트업으로 선정했다고 자랑스레 말했다.

장밋빛 미래가 보장된 듯한 이 스타트업 대표의 이야기를 듣고 있는데 옆에 있던 20대 후반 여성이 적극적인 태도를 보였다. 미국 명

문대를 나온 재원으로 몇몇 스타트업에서 일한 경험이 있기 때문에 즉시 업무에 투입해도 된다며 자신을 소개했다. 또한 자신이 참여했던 디지털 마케팅 경력, 통합 글로벌 마케팅 캠페인 사례 등을 소개하며 그 자리에서 적극적으로 구직 의사를 밝혔다. 물론 이런 말을 즉흥적으로 내뱉은 게 아니라 오랫동안 그 회사를 눈여겨 봐 왔다는 설명도 덧붙였다.

그런데 이 모습을 지켜보는 나는 적잖게 불편한 마음이 들었다. 대표의 이야기는 대단히 구현하기 어려운 기술을 개발하기 위해 최고의 인재를 전 세계에서 영입했고, 여러 엑셀러레이터들의 러브콜과 정부의 인증을 받았으며, 조만간 제품을 생산할 예정이라는 것으로 요약할 수 있다. 그런데 그가 이야기한 것은 따지고 보면 모두 회사의 상황과 미래 전망일 뿐이다.

그래서? 나는 한참 기다렸다. 그가 나에게 제발 자신의 '물건'을 소개하기를, 아니 팔기를 기다렸다.

이상하게도 그 대표는 제품을 팔지 않았다. 제품을 소개하지도 않았다. 자신의 제품에 대한 고객들의 생각을 묻지도 않았다. 정말 이상한 일이었다. 뛰어난 기술력을 바탕으로 만들어낸 훌륭한 제품인데 왜 이 많은 잠재고객들 앞에서 기업의 비전, 역량은 이야기하면서 제품에 대한 직접적인 이야기는 하지 않는 걸까?

네트워킹 파티이건 다른 어떤 행사 자리이건 간에 회사의 대표라면 때와 장소를 가리지 않고 영업 마인드를 발휘해야 한다. 영업을 위한 특별한 자리가 따로 있는 줄 아는가? 정부가 수여하는 권위 있는 상을 받고, 기술력이 뛰어난 인재를 영입하는 것은 비즈니스에 있어서 다 부차적인 것일 뿐이다.

기업은 그 어떤 포장과 미사여구에도 불구하고 '제품(서비스)을 파는 것이 본업'이다. 돈을 버는 것이 기업의 존재 이유다. 매출을 발생시켜 자금이라는 피가 돌아야 숨을 쉴 수 있다. 세상을 널리 이롭게 하고 사람들의 삶을 윤택하게 만드는 것도 중요하지만, 기업의 입장에서 그 모든 것은 돈을 벌면서 해야 하는 일이다.

이런 말을 하면 다소 불편해할 사람도 있을 것이다. 이렇게 반박할지도 모른다. "어떻게 그렇게 상업적일 수 있느냐. 당장 돈을 버는 것보다는 큰 비전과 의미를 갖고 일을 하다 보면 자연스럽게 돈도 따라오는 것 아니냐."

맞다. 그런 사회적 기여와 비전 역시 중요하다. 위대한 기업이라고 칭송받는 곳 중에 생존이나 이익만 중요시하는 기업은 없다. 그러나 그 어떤 가치도 기업의 생존을 앞설 수는 없다. 사람으로 비유하자면 꿈을 펼치기 위해서는 피부터 돌아야 한다. 기업에 피는 이익과 매출이며, 피를 돌게 하는 것은 영업이다.

우리는 지금 기업에 대해 이야기하고 있다. 종교단체나 사회적 기업을 논하는 것이 아님을 기억하자. 특히 스타트업은 기회가 있을 때마다 제품과 서비스를 팔아야 한다. 심지어 사회적 기업이라도 이윤을 내야 생존이 가능하다. 그런데 기회를 찾기 힘들다고 하소연하는 스타트업 대표들이 많다. 아니다. 기회가 없는 게 아니다. 팔려고 하지 않으니까 기회가 없는 것처럼 느껴지는 것이다.

회사 사정이 어렵다면 내가 이번 달에 얼마나 '영업을 시도'했는지 **되돌아보아야 한다.** 하다못해 노점에서 군밤 파는 아저씨도 지나가는 사람들에게 한번 먹어보라며 영업을 한다. 한번 써보라고 샘플을 뿌리는 것과 같다. 맛보기 군밤 한 알에 만족한 고객이 군밤 한 봉지를 사들고 돌아설지도 모르는 일 아닌가.

인맥에 의존하니까 망한다

A. "투자심사역이 대기업 S사의 상무님을 소개해주기로 했습니다. 그쪽 유통망을 활용할 수만 있다면 판로를 빠르게 확보할 수 있을 겁니다."

B. "아버님께서 ○○○ 국회의원과 친분이 두터우십니다. 일이 잘 처리되도록 힘을 써주기로 했으니 기다려봅시다."

종종 이런 말을 하는 사람들을 본다. 국회의원 인맥을 강조한 사람은 뭔가 비밀스러운 정보라도 전하듯 의미심장한 얼굴로 그 의원님이 집권여당 소속이라는 깨알 같은 정보까지 알려주었다. 그를 마주보고 '오~정말?'이라는 표정이라도 지어줘야 할 듯 말이다.

결론부터 말하겠다. 이런 식의 인맥 비즈니스는 잘될 리 없다. 어떻게 그리 단정하냐고?

먼저 대기업의 유통망은 임원 한 명이 지시한다고 해서 움직이지 않는다. 우리나라 유통 시장은 수백 개의 협력사들이 긴밀하게 얽혀 있는 폐쇄적인 구조다. 특정 임원의 말 한마디로 움직이는 건 호랑이 담배 피우던 시절 이야기다. 지금은 제품 하나 납품할 때도 유통망에 얽혀 있는 모든 이해관계자들이 납득할 수 있는 가치와 이익을 제공해야 한다.

정이나 인맥으로 풀 수 있는 문제가 아니란 뜻이다. '비즈니스가 된다'는 말은 기존에 누군가에게 흘러가던 돈의 흐름이 바뀌어서 내게로 온다는 뜻이다. 결코 쉽게 할 수 있는 일이 아니다. 모든 것이 생각처럼 된다면 도산하는 기업은 한 곳도 없을 것이다.

정말 힘 있는 줄을 잡으면 되지 않느냐고 반문할 수도 있지만 대통령을 등에 업고도 망한 경우를 우리는 모두 직접 목격하지 않았는가? 오히려 어설프게 인맥으로 치고 들어갔다가는 사업의 진정성마저 의심받기 쉽다. 설령 이런 방법으로 시장에 진입하더라도 장기적인 관점에서 보면 결과적으로 기업의 경쟁력을 갉아먹는 행위에 불과하다.

대기업 핵심 담당자라도 그 역할과 책임은 제한돼 있다. 게다가 이런 직위의 사람들은 대부분 굉장히 바쁘다. 친분이 있다고 해서 자기 일을 제쳐두고 다른 기업의 일을 전폭적으로 도와주기란 쉽지 않다. 설혹 '하늘이 도와서' 대단한 인맥의 전폭적인 도움을 받더라도, 반드시 그에 합당한 혜택을 제공해야 하기 마련이다. 성공한 사람일수록 이해타산에 밝다. 모든 일에는 플러스와 마이너스가 있는 법이다. 자선사업하듯 남의 일에 팔 걷고 나설 사람은 없다고 생각하는 편이 좋다.

만약 상대방이 먼저 도와주겠다고 나선다면 어떻게 처신해야 할까? 소개해주시면 감사하겠다 정도가 괜찮다. 소개받을 사람은 상대방의 체면과 입장을 생각해서 친절히 맞아줄 것이다. 그것으로 족하다. 그다음은 당신의 몫이다.

인맥에 기반을 둔 사업 방식과 관련, 떠오르는 일화가 있다. 내가 영업 책임자로 있던 회사에 의욕이 넘치는 신입 영업사원이 있었다. 그는 우리 회사의 제품을 지방자치단체에 납품하기 위해 여러 방면으로 판로를 모색하고 있었다. 해당 부처에 전화를 걸어보고, 지인을 통해 담당자를 수소문해보기도 하고, 이미 납품하고 있는 다른 회사 사람들에게 노하우를 알아보기도 했다. 그러나 모두 실패하고 말았다.

어떻게든 거래를 성사시키고 싶었던 그 직원은 최후의 수단으로 상사인 나와 상의하지도 않고 그 지방자치단체의 장에게 연락해 톱다운Top-Down 방식으로 접근했다. 다행히 대학 은사라는 인맥을 동원해 지방자치단체장의 최측근인 정무수석을 만날 수 있었다.

공무원 조직은 상명하복이 기본이니 분명 효과가 있을 줄 알았을 것이다. 아니나 다를까 정무수석은 "교수님이 추천한 분인 만큼 전폭적으로 지지하겠네. 내가 미리 얘기해놓을 테니 담당 국장을 한번 만나보게. 아마 잘 풀릴 거야"라고 호언장담했다. 그 직원은 '그래, 비즈니스는 역시 인맥이야!'라는 부푼 마음으로 담당 국장을 만나러

갔다.

그러나 기대와는 전혀 다른 반응이 돌아왔다. 실무자는 노골적으로 불쾌해했다. 지금이 어느 시대인데 위에서 꽂아 넣느냐는 반응이었다. 하지만 정무수석의 얼굴을 봐서 최소한의 수량으로 납품을 받아주겠다고는 했는데, 분위기가 너무 살벌해서 당황한 그 직원은 그제서야 나에게 납품을 진행해도 될지 물었다. 내가 어떻게 했을 것 같은가? 납품을 포기했다. 당장 매출이 발생하더라도 기업 이미지가 나빠지는 것은 물론이고 장기적으로 볼 때 영업에 오히려 장애가 될 게 분명했기 때문이다.

지금은 실무자의 시대다. 공무원 조직이건 대기업 조직이건 의사결정 권한이 실무자에게 넘어가는 추세다. 조직 문화도 수평적으로 바뀌고 있다. 실무자를 건너뛰고 무작정 팀장이나 임원부터 찾는다면 실무자와 척을 질 각오를 해야 한다.

인맥이 무조건 나쁘다는 뜻이 아니다. 건강하게 쌓은 인맥은 언젠가 도움이 된다. 진짜 인맥은 노력에 비례해 쌓인다. 상황이 이런데도 여전히 지인이나 권력자가 소개해주면 일이 다 될 것으로 믿는 사람들이 많다. 다시 말하지만 이런 접근은 호랑이 담배 피우던 시절에나 통하던 방식이다.

인맥에 대한 관점을 바꾸자. 기업은 무엇보다 '고객과의 인맥'을 쌓는 데 집중해야 한다. 물건 하나라도 제대로 만들고, 이를 적극적으로 소개하고, 정성을 다해 팔아야 한다. 다시 말해, 신뢰를 바탕으로 고객과 인맥을 쌓아야 한다. 한 번 찾은 고객이 다시 나를 찾도록 노력해야 한다. 물론 시간이 오래 걸리는 일이지만 과정 자체를 즐겨야 한다. 혹시 주변에 인맥 자랑을 하는 사람들이 있다면 부러워할 필요 없다. 오히려 이를 반면교사로 삼아야 한다. 높은 사람들에게만 잘 보이기보다 한 명의 고객에게 인정받는 사람이 되는 편이 더 유익하다.

제품만 좋으면 된다고 믿으니까 망한다

"당신이 조금이라도 더 개선된 쥐덫을 만들어낸다면, 사람들은 당신의 집 앞까지 길을 내고 찾아올 것이다." 미국의 시인이자 철학자인 랄프 왈도 에머슨의 말로 알려진 이 표현(실제로 이것은 에머슨이 한 말은 아니다)은 '성능이 좋은 제품을 만들기만 하면 고객들이 그 가치를 인정해 많이 팔릴 것'이라는 뜻으로 비즈니스계에서 널리 회자되는 말이다. 연구개발에 과감히 투자해 좋은 제품을 만들어 소비자들에게 선보이는 것은 기업의 사명이다. 그런데 역설적으로 이 말은 잘못된 표현이기도 하다. 기술과 제품에만 지나치게 의존하면, 즉 기술 만능주의에 빠지면 그 회사는 망할 수밖에 없다. 특히 소비자들에게 직접 확인하는 과정을 거치지 않고 책상머리에서 한 의논만을 바탕으로 좋은 제품을 만들 수 있다고 믿는다면, 소비자로부터 환영 받지 못한다.

'울워스의 쥐덫Woolworth Mousetrap'이란 말이 있다. 미국에서 쥐덫을 가장 많이 판매하는 회사였던 울워스는 혁신적인 제품을 개발할 계획을 세웠다. 당시 쥐덫은 나무로 만들었다. 쥐를 잡고 나면 쥐덫도 함께 버렸는데, 여기에 주목한 울워스는 연구개발 끝에 재활용 가능한 플라스틱 쥐덫을 개발했다. 회사는 당연히 새로운 쥐덫이 날개 돋친 듯 팔릴 거라고 예상했다. 그런데 울워스는 망하고 말았다. 왜 망했을까? 고객 입장에서 생각하지 않은 기술혁신이었기 때문이다.

고객들은 쥐를 잡으면 쥐덫을 통째로 버려왔는데, 이 새로운 쥐덫은 한 번 쓰고 버리기에는 너무 아까울 정도로 예쁘고 고급스러웠다. 하지만 쥐덫에서 징그러운 죽은 쥐를 빼내야 하는 게 달가울 리 없었다. 그래서 고객들은 신형 쥐덫보다는 예전 쥐덫을 선호했다. 이 사례는 제품 중심, 기술 중심적 사고의 오류로 자주 인용되는데, '쥐덫의 오류Better Mousetrap Fallacy'라고도 불린다.

MP3 원천 기술을 가지고 있던 국내 기업이 도산한 사례도 이와 비슷한 경우다. 국내 기업이 MP3 기술을 세계 최초로 개발했다는 사실은 다들 알고 있을 것이다. 그 주인공은 엠피맨닷컴이다.

엠피맨닷컴은 1997년 MP3 원천 기술을 개발했다. 그러나 2003년 최종부도가 나고 만다. 표면적으로는 후발업체들과의 특허 분쟁 소송으로 인한 자금난을 견디지 못한 것이 부도의 원인이었지만, 조직 내부를 들여다보면 이야기가 달라진다. 이들은 기술을 지나치게 중시하는 사내 문화 때문에 고객의 니즈를 제대로 보지 못했다. 당시 관계자의 회고를 들어보자.

"기술 투자를 무리하게 한 데다 수익 창출 구조를 구축하는 데 실패한 결과, 자금난이 왔다. 디자인에 더 많이 투자하자는 의견도 일부 있었지만, 전자제품의 경쟁력은 디자인이 아니라 기술에 있다는 사내 주류 의견에 밀려 기술 외적인 면은 도외시됐다."

안타깝다. 우리가 그렇게 칭송하는 원천 기술 보유 회사인데 말이다. 그런데 이런 분위기는 스타트업계에 지금도 여전히 퍼져 있다. 기술적 진보를 사업의 성공과 동일시하는 기업이 많다. 특히 개발자 출신이 포진한 기업들의 경우, 세상에 없던 기술을 선보이면 고객들이 저절로 몰려들 것이라는 착각 속에 빠져 있는 경우를 어렵지 않게 볼 수 있다. 경제 발전을 국가의 기치로 삼았던 우리나라는 예전부터 '기술보국'이라는 구호를 외쳐댔는데, 그 여파인지 '기술을 중시하자'라는 말을 마치 '기술로 비즈니스를 하자'라는 의미로 착각하는 경향이 있다.

그러나 제품이 좋다고 해서 팔리는 세상이 아니다. 엠피맨닷컴과 달리 애플은 기술을 내세우지 않았다(그렇다고 애플이 기술력이 떨어졌느냐 하면 모두 알다시피 아니다). 지금의 애플을 만든 것은 유려한 디자인과 놀라운 세일즈 능력이다. 당시 엠피맨닷컴이 기술의 덫에서 벗어날 수 있었다면 어땠을까?

몇 해 전, 판매에 어려움을 겪던 신생 기업 한 곳을 멘토링한 적이 있다. 회사의 사연은 이랬다. 넥타이를 만드는 그 회사는 디자인과 저렴한 가격을 경쟁력으로 내세웠다. 디자인은 명품 못지않으면서도 가격은 백화점 유명 브랜드의 절반 수준으로 책정했으니 시장에서 충분히 승산이 있다고 보았다.

창업자는 지인에게 넥타이를 선물하러 백화점에 갔다가 겪은 일 때문에 사업을 시작하게 됐다고 했다. 백화점에서 판매하는 에르메스, 제냐, 페라가모 등 명품 브랜드 넥타이는 18만~30만 원 정도의 고가다. 그런데 몇 번 착용하고 나면 보풀이 일어나는 등 품질이 썩 만족스럽지 않았다. 때문에 10만 원 이하의 합리적인 가격과 명품 못지않은 좋은 품질로 승부하면 충분히 승산이 있다고 보았다.

그 회사의 넥타이는 잘 팔렸을까? 잘 팔리지 않았다. 그 사업가는 사업 자체보다 디자인에 더 관심이 높았다. 냉정히 말해 디자인이 뛰어난 넥타이를 만드는 것은 사업가의 영역이 아니라 디자이너의 영역이다. 그런데 대표의 고민은 딱 여기서 멈추었고, 판매점을 늘리거나 자사 제품의 장점을 극대화하는 데는 상대적으로 소홀했다. 뛰어난 영화감독이 아무리 재미있는 영화를 만들더라도 배급사를 구하지 못한다면 관객들은 그 영화 자체를 접할 수 없다. 그런데 그는 이를 소홀히 했다. 왜 그랬을까? '디자인이 뛰어난 넥타이를 만들어 싼 가격에 내놓으면 당연히 잘 팔릴 것이다'라는 그가 세운 가설 자체가 잘못됐기 때문이다.

디자인에 신경 쓰지 말라는 이야기가 아니다. B2C business to consumer 제품을 만들 때 디자인은 기본 중 기본이다. 그러나 그뿐이다. 디자인 말고도 챙겨야 할 것들이 많다. 그중에서도 영업은 창업자가 챙겨야 할 가장 중요한 요소라고 할 수 있다. 그런데 안타깝게도 이 창업자는 영업의 ABC를 하나도 챙기지 않았다. '영업을 하지 않으면 제품이 팔릴 리 없다'라는 철칙을 갖고 있는 내게 이 회사는 아무런 일도 하지 않은 것처럼 보였다.

그렇다면 이 회사가 놓친 영업의 ABC란 무엇일까?

영업의 ABC. 좋은 제품이 아니라 팔리는 제품을 만들어라

창업자, 영업자, 기획자 등 누구 할 것 없이 기업에 몸담은 사람이라면 명심해야 할 것이 있다. 자신이 겪은 일은 지극히 특수한 경험일 뿐이라는 것이다. 이를 함부로 일반화해서는 안 된다.

앞서 소개한 창업자의 경우도 그렇다. 무릇 명품이란 수십, 수백년 동안 쌓아온 명성이 있기에 그 값을 하는 것이지, 단순히 품질에 비례해서 높은 가격이 형성되는 것은 아니다. 명품 넥타이의 적정 가격이 현재 가격의 절반 수준인 10만 선이라고 주장하려면, 자신의 넥타이가 노점에서 파는 3000원짜리 넥타이보다 수십 배나 비싼 이유도 설명할 수 있어야 한다.

창업하기 전에 충분한 시장조사를 해야 한다. 자기 주변 사람들만 만나서는 안 된다. 자신과 전혀 다른 생각을 가지고 있는 잠재고객을 만나서 그들의 이야기를 경청해야 한다. 필요에 따라 온라인, 오프라인 설문 조사를 하고, 제품을 출시하기 전에 크라우드 펀딩 등을 활용해 성공 가능성을 어느 정도 타진해보는 것도 좋다. 시장조사는 책상머리에서 하는 것이 아니라 현장에서 고객과의 영업을 통해 쌓일 때 진짜 내 것이 된다.

영업의 ABC, 스토리를 창조하라

　가격이 저렴하면 저렴한 대로, 비싸면 비싼 대로 마진이나 원가를 떠나 그 어떤 가격도 합당한 이유를 갖게 만드는 건 제품의 '고유한 스토리'다. 제품이 탄생한 이유와 존재해야만 하는 이유, 그리고 소비자들이 구매해야만 하는 이유가 매력적이어야 한다. 소위 '조미료를 치지' 않아도 될 정도의 스토리가 있다면 정말 행운이지만, 특별한 스토리가 없다면 일부러라도 만들어내야 한다.

　스토리텔링 없는 제품을 판매하는 것은 고객이 원치 않는 제품을 강매해야 하는 것이나 다름없다. 스토리 없는 제품을 판매하는 건 당연히 힘들다. 반면 스토리가 있는 제품이라면 품질은 매우 1차원적인 메시지가 된다.

영업의 ABC, 실제로 '영업'을 하라

　앞의 창업자가 선보인 제품 같은 패션 소품은　다양한 유통 채널에 입점 제안을 해야 한다. 물론 제품을 출시하기 전부터 콘텐츠 마케팅, 디지털 마케팅도 시작해야 한다.

　오픈마켓, 전문몰, 폐쇄몰, 양판점, 편의점, 백화점, 면세점, 홈쇼핑 등 납품할 수 있는 곳은 수백 군데가 넘는다. 그런데 많은 스타트업들이 이런 유통 채널이 있는지조차 모른다. 알더라도 유통에 매우 부정적인 자세를 취한다. 이곳저곳에 마진을 떼주고 나면 뭐가 남느냐는 식이다. 그러면서 자체 홈페이지 쇼핑몰을 만들고 신용카드 등 결제모듈을 설치한 후 고객을 '기다린다.'

결과는 어떨까? 아무런 사전 정보도 주어지지 않은 상태에서 잠재고객들이 회사 자체 쇼핑몰을 찾아낼 리 없다. 당연히 제품은 팔리지 않는다.

물론 크라우드 펀딩을 이용하거나, 재미있는 콘텐츠를 제작해 MCNMulti Channel Networks 채널을 활용해서 홍보하는 등 어느 정도 검증된 마케팅 방안은 몇 가지 있다. 그러나 결국 잠재고객들이 구매할 수 있는 채널을 최대한 구축해놓는 것은 철저히 영업의 몫이다. 물론 이는 철저한 시장조사를 바탕으로 해야 한다.

액션 플랜이 없으니까 망한다

나는 행함으로써 내 믿음을 네게 보이리라.
– 〈야고보서〉 2장 18절

〈야고보서〉에는 "행함으로써 믿음을 보이라. 행함이 없는 믿음은 죽은 믿음이니라"라는 구절이 있다. 여기서 '행함'은 단순히 율법을 지키는 것이 아니라, 믿음과 함께 마땅히 수반되어야 하는 '진실한 행위'를 뜻한다. 믿는 것도 중요하지만 거기에 수반된 행위 역시 중요하다는 의미다. 나는 영업의 개념과 의미를 설명하는 것으로 이보다 더 적절한 말을 아직 찾지 못했다. **영업이야말로 실행Action으로 완성된다.**

중세시대에는 왕이 직접 군사를 이끌고 전장에 나갔다. 왕이 칼을 들고 싸우는데 부하들은 오죽했겠는가? 왕궁에 편히 앉아 부하들에게 전장에 나가 목숨 바쳐 싸우라고 지시만 하는 왕과는 차원이 다르다. 언뜻 비장함까지 느껴지는 왕의 리더십에서 스타트업의 리더가 갖춰야 할 영업의 핵심을 엿볼 수 있다. 행동하는 영업이라야 진정한 의미가 있다. 행동하지 않는 계획이 무슨 소용 있겠는가. 실행 계획이 없는 사업계획서는 무용지물일 뿐이다.

행동하라는 이야기는 사실 영업뿐만 아니라 살아오면서 우리가 귀에 못이 박히도록 들어온 교훈이다. 그런데 왜 이를 실천하지 못하는 걸까? 여러 가지 이유가 있겠지만, 인간이 천성적으로 편안하게 지내려는 습성을 가진 것도 한 이유다. 인간은 천성적으로 게을러서 생각을 행동으로 옮기기 위해서는 '노력'이 필요하다. 영업도 마찬가지다.

영업을 열심히 해야 하는 건 알겠는데, 문득 되돌아보면 별로 한 게 없음을 깨닫게 되는 순간이 있다. 처음에는 이것저것 계획을 세워보지만 한여름에 너무 더워서 부채질을 하다가 팔이 아파 그만두는 것처럼 영업도 이 핑계 저 핑계 대면서 시늉만 하다가 결국 포기하는 경우가 비일비재하다.

무엇이든 꾸준히 한다는 것은 생각보다 힘든 법이다. 어떤 조직이든 연말이 되면 내년도 비즈니스 모델, 마케팅 플랜에 대해 기가 막

힌 계획을 짜지만, 정작 실행 단계에서는 영업자의 개인기에 의존하는 경우가 많다. 그냥 '열심히 해야지'라는 마음가짐만 가져서는 영업이 제대로 될 리 없다. 반드시 확고부동한 액션 플랜Action Plans이 있어야 영업을 현실화할 수 있다.

여기서 말하는 액션 플랜은 일정한 기간 내에 의무적으로 해야 하는 영업 담당자의 과업으로 전화, 이메일, 방문, 소개 등으로 발생하는 신규 고객 유치 혹은 기존 고객 유지, 인터넷 검색, 시장조사, 네트워킹, 제휴 등을 정량적으로 수치화한 영업 활동 계획을 말한다.

해커톤Hackathon, 일정한 시간과 장소에서 프로그램을 해킹하거나 개발하는 행사이나 창업 멘토링 과정에서 심사위원을 맡게 되면 창업한 지 얼마 안 된 스타트업이나 사업을 준비 중인 이들이 정성껏 마련한 사업계획서를 보게 된다. 회사 소개, 팀 소개, 예측되는 시장 규모, 문제점 및 해결 방안, 경쟁사 현황, 제품 및 서비스 소개 등 비즈니스 모델에 대한 이해 수준이 생각보다 높아 깜짝 놀라곤 한다.

한 가지 아쉬운 점이 있다면 사업계획서에 매출과 수익에 대한 액션 플랜이 아예 없거나 부족한 경우가 많다는 것이다. 언제까지 어느 정도 목표를 달성하겠다는 계획은 있는데 그 목표를 달성하기 위한 방안을 담은 실행 가능한 액션 플랜은 본 적이 거의 없다. 그런데 이 작은 디테일이 비즈니스의 성패를 가름한다.

영업은 매우 미세한 차이로 성패가 극명하게 갈리는 분야다. 감으로 때려잡아선 안 된다. 정해진 시간 내에 해당 영업 활동들을 정량적

으로 측정하는 실행 중심적Action-Oriented 액션 플랜을 세워야 한다.

　실행 중심적 액션 플랜을 짜는 것이 중요한 이유는 이것이 곧 매출과 직결되기 때문이다. 매출은 액션의 투입량에 비례한다. 우리 회사, 우리 조직의 매출이 정체되어 있다면 영업 액션 플랜부터 점검해보자. 계획만 있지 자세한 실행 계획이 없지 않은가? 얼핏 들으면 구태의연하게 느껴질지 몰라도 과거에도 현재에도 영업에서 액션과 피드백만큼 기본이 되는 진리는 없다.

　최근 유통업계는 소비자가 온라인, 오프라인, 모바일 등 다양한 경로로 제품에 대한 정보를 얻고 구매하는 옴니 채널Omni Channel로 빠르게 재편되고 있다. 여기에 빅데이터, 사물인터넷, 생체 인식, 동작 인식, 위치 기반 서비스 등 다양한 IT 기술이 소매 시장에 빠르게 도입되고 있다. 얼마 전 국내 최대 유통업체인 이마트는 업계의 변화에 발맞춰 유통 관련 첨단 IT 기술을 연구하는 조직을 신설했다. 그룹 회장 직속 조직인 이 연구소는 유통 산업의 트렌드를 분석하고 유통업과 IT 간 접점을 찾는 핵심 업무를 맡았다. 그런데 연구소의 핵심 인력들이 설 연휴 때 마트 현장에 투입되었다고 한다. 이들이 휴일을 반납하고 현장으로 간 이유는 무엇일까? 관계자의 말을 들어보자.

　"아무리 좋은 계획과 전략도 실제 현장에서 그 가능성을 눈으로 직접 확인해야 합니다. 계획을 실천에 옮기는 것, 이것은 모든 전략가들이 반드시 풀어야 할 숙제입니다. 머릿속으론 우사인 볼트처럼 뛸 수 있을지 몰라도, 현실에선 걸어야 할지도 몰라요. 현장을 알아야 훌륭한 전략이 도출될 수 있습니다."

영업 플랫폼을 만드는 조직이 서류상의 전략과 실제 현장에서 액션의 동기화를 중요한 성공 기준으로 보고 있는 것이다. 구체적인 액션 플랜에 대해서는 뒤에 좀 더 상세하게 설명하겠다. 여기서는 다만 액션 플랜이 빠진 영업계획은 '앙꼬 빠진 찐빵'이란 걸 기억해 두자.

투자 유치에 올인하니까 망한다

우리나라의 창업 기업 중 5% 미만만 투자를 유치한다. 그중에서도 40%는 1년, 70%는 5년 안에 폐업하거나 전업한다. 투자금액이 기업의 성공을 결정짓는 시대는 끝났다. 이런 면에서 대표적인 스타트업 엑셀러레이터인 프라이머 권도균 대표의 말은 시사하는 바가 크다.

"투자 유치와 상관없이 생존할 수 있는 스타트업이 좋은 스타트업입니다. 사업가들이 제품이나 서비스를 팔아서 돈을 벌어 기업을 유지하는 것이 원칙이지, 투자에 의존해서 기업을 유지하려 들어서는 안 됩니다. 투자 없이도 살아갈 수 있다는 것을 보여주는 것이 사업가의 첫째 목표입니다. 그러면 투자 받는 것도 더 쉬워집니다."

권도균 대표의 의견에 100% 공감한다. 권도균 대표는 여러 스타트업을 성공적으로 이끌었고, 지금은 수많은 스타트업에 투자하는 엑셀러레이터인데도 역설적으로 스타트업들이 투자에 너무 의존해선 안 된다고 지적한다.

그러나 업계의 소식을 듣다 보면 여전히 투자 유치를 곧 성공의 보증수표로 생각하고 있는 것 같다. 스타트업끼리 만나면 투자를 받은 회사와 받지 못한 회사로 나뉘며, 투자를 받은 스타트업은 사무실을 확장하거나 리모델링하기 바쁘다. 극히 일부이긴 하지만 투자를 받자마자 차를 바꾸는 CEO도 있고, 아직 손익분기점도 넘지 못했는데 마치 성공이라도 한 듯 투자 유치 성공담을 강연하러 다니는 CEO도 있다. 그러나 손익분기점 돌파, 10억 원 매출 달성 같은 영업 성공 사례는 좀처럼 듣기 어렵다.

투자 유치를 기업의 성공으로 착각해선 안 되는데도, 이런 사고가 여전히 팽배해 있다. 이런 인식 오류는 글로벌 기업에서 현장 영업부터 배운 사람들에게는 낯선 풍경이다. 당연한 이야기지만 글로벌 기업들은 정말 전쟁처럼 영업한다. 첫째도 성장, 둘째도 성장, 셋째도 성장이라는 구호를 매일 외치며, 영업 목표를 달성하지 못한 영업 담당자는 반토막 월급을 감수한다. 영업 매니저의 혹독한 질책은 덤이다.

그런데 정작 첫발도 딛지 못한 우리나라의 스타트업들에선 그런 모습을 찾아보기 어렵다. 스타트업도 그저 수많은 기업 중 하나일 뿐이며 모든 기업의 1차 목표가 수익 창출이라면, 스타트업의 우선순위에서 수익 창출은 제일 높은 위치에 놓여야 한다.

오해하지는 말기 바란다. 투자 유치가 의미 없다는 얘기가 아니다. 투자 유치는 중요하다. 기업의 여러 자원 중에서 가장 절실하고도 중요한 자원이 바로 돈이다. 가뭄의 단비 같은 투자 유치는 기업이 핵심 경쟁력에 더 집중할 수 있도록 지름길을 만들어주는 순기능을 한다. 배달의 민족으로 유명한 우아한 형제들도 투자 유치가 없었다면 지금 같은 성공을 이루기가 어려웠을지도 모른다. 그런데 혹시 우아한 형제들이 창업 초기에 어떻게 일했는지 아는가?

우아한 형제의 창업 멤버들은 음식점 정보를 모으기 위해 이른 새벽마다 아파트 단지, 전단 인쇄소, 쓰레기통 등 닥치는 대로 발로 뛰며 전단지를 수집했다. 이것이 바로 세일즈 리더십이다. 내가 강조하고 싶은 것은 바로 이 부분이다. **말이 아닌 행동, 현장에 답이 있다고 믿는 세일즈 철학이 있어야 고객이 원하는 제품을 만들어 매출이 발생하고 이것이 투자로 이어진다.**

기업은 영업을 해서 돈을 벌어야 한다. 영업은 하지 않고 고객조차 만나지 않으면서, 오로지 투자자만 찾는 스타트업이 정말 많다. 창업자가 가장 먼저 만나야 할 사람은 투자자가 아니라 고객이다. 그래야 제대로 된 상품이 만들어진다.

영업을 잘하면 투자는 따라오게 되어 있다. 돈 버는 기업에 투자하는 것을 마다할 투자자는 없다. "앱을 만들어 키울 테니 우리에게 투자를 해달라"가 아니라 "우리가 이만큼 매출을 발생시켰고, 내년에는 이만큼의 성과가 예상되니 우리에게 투자하면 너희도 좋을 것이다"가 바람직한 자세다. 최근 업계의 흐름도 이와 무관하지 않다. 내가 만난 상당수의 벤처캐피털 투자심사역들은 "과거에는 가치평가$_{Valuation}$을 보고 투자했지만, 이제는 가치평가와 관계없이 수익성을 가장 중요하게 본다"라고 말한다. 다른 유형의 투자자도 있겠지만 시간이 흐를수록 스타트업의 실제 수익 창출 여부가 투자의 가장 중요한 잣대가 될 것이다.

02

—

우리는
이미 영업자다

Q : 개발인력도 부족한 마당에 사업 초기부터 영업인력이 필요할까요?

A : 영업에 대한 고정관념을 버려야 합니다. 영업을 단순히 물건을 팔아오는 것으로 보면 안 됩니다. 영업은 제품 기획부터 출시까지 고객의 피드백을 받는 일입니다. 따라서 창업 멤버 중에 영업 담당자가 반드시 있어야 합니다. 에어비앤비의 공동창업자들은 창업 초기 얼리어댑터 고객을 만나기 위해 매주 샌프란시스코에서 뉴욕까지 왔다 갔다 했습니다. 그렇게 받은 고객들의 피드백을 통해 비즈니스 모델을 계속 수정해 성공할 수 있었습니다.

영업이 밥 먹여준다

《파는 것이 인간이다》 등 세일즈 관련 책으로 베스트셀러 작가 반열에 오른 대니얼 핑크는 비(非)영업과 영업의 경계가 점차 사라지고 있다고 진단하면서, '전진 배치 엔지니어Forward-Deployed Engineers' 개념이 새롭게 등장했다고 말했다.

전진 배치 엔지니어란 고객을 직접 만나 니즈를 파악해 시간의 지체 없이 제품을 개선하는 사람을 말한다. 지금까지 고객을 유치하고 그들을 만족시키는 업무는 영업 담당자가 맡아왔지만, 이제 엔지니어도 영업을 배워야 하는 시대가 왔다. 실제로 미국에서는 《더 세일즈 엔지니어스 핸드북The Sales Engineer's Handbook》 같은 엔지니어를 위한 영업 교육 책이 인기를 얻고 있다. 기업들 역시 특정 업무 부문에 인력을 배치하기보다는 다양한 일을 하는 인력을 선호하고, 이를 시스템으로 구현하고 있다.

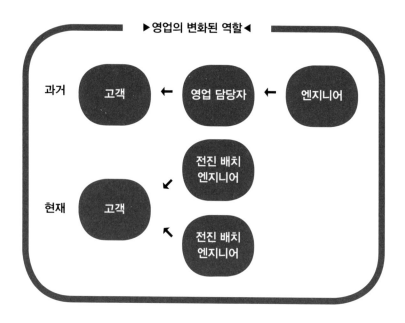

그런 점에서 회사의 모든 구성원들은 영업을 배워야 한다. 아니 모두 영업자가 되어야 한다. 개발자든 마케터든 상관없다. 더 이상 잠재고객의 질문에 영업 담당자가 없어서 답변을 못 한다는 말을 해서는 안 된다. 수많은 소비자를 영업사원 한두 명이 전담하는 것은 불가능하다. 게다가 소비자는 우리가 예상하지 못한 순간에 찾아오게 마련이다. 불시에 찾아온 소비자는 그들의 구매 여정에서 인식하는 모든 경험을 구매 및 재구매와 연결시킨다. 여기서 구매 여정이란 소비자가 어떤 제품이나 서비스를 소구하고 구매하는 전체 구매 과정에서 경험하는 모든 느낌, 만족, 편익 등을 말한다.

고객에게 제대로 대응하지 못하는데 고객이 떠나지 않을 리 없다. 반대로 구매 여정이 만족스러우면 재구매로 이어지는 건 매우 쉽다. 바이럴 마케팅Viral marketing, 이메일 등을 통한 온라인 홍보이라고 해서 다를 건 없다. 게다가 요즘 소비자들은 인내심이 없다고 생각하는 편이 좋다. 다른 선택지가 많아졌기 때문이다.

이렇게 영업의 중요성을 외치는데도 왜 영업을 중요하게 여기는 조직이 적은 걸까?

홈페이지를 만들기 위해 워드프레스 제작 기법을 배우고, 마케팅을 위해 페이스북 광고 기법과 이메일 자동화 툴 사용법을 연구하면서도, 정작 실질적인 수익을 창출할 수 있는 영업은 제대로 배우려고 하지 않는다. MBA 과정에 마케팅, 인사, 재무 트랙은 있어도 영업 트랙은 없다. 그 이유는 영업을 배우는 행위 자체가 매우 고된 실전 과정이기 때문이다.

회사 차원에선 그렇다 쳐도 직원 개개인이 영업을 도외시하는 까닭은 무엇일까? 그에 답하기 전에 질문을 하나 하겠다. 어렵게 입사한 회사에서 당신에게 원하는 부서를 마음대로 고르라고 한다면 어느 부서에서 일하겠는가? 정확한 통계 자료는 없지만 내 경험에 비취볼 때 스타트업에 종사하는 사람들이 선호하는 업무는 기획, 인사, 마케팅, 개발, 재무회계, 영업 순이다.

일반화할 수는 없지만 각각의 업무를 선택한 이유를 물어보면 대충 이런 식이다. 기획과 인사 업무는 근본적인 정책을 결정하는 핵심 부서여서 끌리고, 마케팅 업무는 창조적인 아이디어를 마음껏 펼칠 수 있을 것 같다. 개발 업무는 기술을 제품으로 구현하는 성취감을 얻을 수 있을 것 같다. 재무회계 업무는 전문성을 인정받는 영역으로, 다른 부서에 비해 희소성이 높을 것 같은 생각이 든다. 영업은? 최소한 스타트업에서 영업부서는 찬밥 신세인 경우가 많다.

내 생각은 다르다. 인사 업무는 악역을 도맡아야 한다. 노동 문제와 관련해 소송에 휘말릴 수도 있다.

스타트업의 경우, 기획 업무는 '사장님 말씀을 받아 적는 타자기 역할'로 전락할 소지가 크다. 마케팅은? 브랜드 인지도가 없다시피 한 스타트업의 특성상 학교에서 배웠던 이론을 써먹을 수 없는 경우가 태반이다. 대행사를 쓸 경우 실전 능력을 향상시키기는 더욱 어렵다.

개발 업무는 경력을 쌓을수록 한계에 부딪치는 경우가 많다. 새로운 기술이 등장하는 주기가 빨라지고, 우리나라 기업의 특성상 개발자의 수명도 짧은 편이다. 재무회계 업무는 매우 중요한 역할을 한다는 이유로 1년 365일 사장실에서 최대한 가까운 의자에 앉아 있을 것을 강요당한다.

하지만 영업은 다르다. 시작할 때는 소위 폼이 나지 않더라도 경험이 축적되고 경력이 쌓일수록 빛을 발한다. 현장에서 알음알음 쌓인 인맥과 대인관계 노하우는 전혀 새로운 분야에 뛰어들어도 유용한 자산이 된다. 현장에서 사업의 성패를 관찰할 수 있기 때문에 비즈니스에 대한 판단이 빠르고 정확하다. 탁상공론에 빠질 염려도 그만큼 적다. 무엇보다 미래가 두렵지 않다. 현장에서 사업을 논하고 일으키고 추진하고 난관을 극복해봤기 때문에 영업자들은 '자생력'이 강하다. 전문성을 갖춘 영업자라면 정년을 걱정할 필요가 없다.

영업은 강의실에서 공부한다고 해서 바로 효과가 나타나지 않는다. 그러다 보니 가르치는 사람도 많지 않고, 배우는 사람도 힘들다. 달리 말해, **영업은 이론과 행동이 결합된 학문이다. 마케팅은 이론과 사례로 공부할 수 있지만, 영업은 이론과 행동을 통해 배워야 한다.**

영업이 무시당하는 데는 과거 영업 조직의 행태가 한몫한다. 과거 영업 교육은 매우 편협한 대면(對面) 기술에 천착하는 경우가 많았다. 그러나 지금의 영업은 과거와 다르다. 현대 영업의 핵심은 누구를 단숨에 설득해서 물건을 사게 만드는 '기술'이 아니다. 영업은 고객과의 소통을 통해 제품의 질을 향상시키고, 이를 통해 궁극적으로 고객의 삶을 향상시키는 과정이다. 이 과정에서 기업은 수익을 얻는다. 회사든 개인이든 영업의 이런 선순환 구조를 이해한다면 영업력을 강화시킬 수 있을 것이다.

스타트업, 아레테, 그리고 영업

그대의 용기(arete)는 나도 잘 알고 있소. 그것을 새삼스레 말할 필요는 없소. 가령 지금 함선들 옆에서 우리 중에 가장 용감한 자들(aristoi)이 모두 복병으로 뽑혔다고 한다면 그럴 때 전사들의 용기(arete)가 가장 잘 구별되지요.

— 《일리아스》 중에서

아레테Arete란 우리말로 덕(德)으로 번역되며 덕, 힘, 용기, 경의 등을 나타내는 탁월한 자질을 뜻한다. 덕을 가진 자는 철저한 자기성찰을 통해 타인에게 모범이 된다. 사람들은 예나 지금이나 아레테를 가진 자에게 경의를 표한다.

나는 어떤 유형의 CEO와 일하고 싶으냐는 질문을 자주 받는다. 그럴 때마다 나는 백범 김구 선생을 든다. 백범은 "내가 바라는 나라는 강력한 나라도 부자 나라도 아닌 문화적으로 풍요한 나라다"라고 했다. 실제로 그는 망명 중에도 학교를 세워 지식인들을 육성하는 데 힘썼다. 백범은 나라와 민족을 위한 모범적인 지도자였다. 여기서 나라를 기업으로 치환시킨다면 그는 미래를 내다본 최고의 경영자라고 할 수 있다. 이런 사람이 경영하는 회사라면 직원들을 소모품이 아니라 동반자이자 미래의 주역으로 여기지 않을까? 이런 사람이 경영하는 회사라면 정말 다니고 싶을 것 같다.

성장이라는 폭주 기관차가 멈춘 시대에 업(業)이 무엇인지, 덕이 무엇인지 누구나 한 번쯤 고민해볼 필요가 있다. '내가 원하는 회사는 돈을 많이 벌기 위해, 어디든 가서 무조건 팔아만 오면 되는 회사다'라고 하면 아무래도 애사심이 떨어질 수밖에 없지 않을까?

역사적으로 위대한 왕들은 직접 군사를 이끌고 전장에 나갔다. 왕이 왜 군이 위험한 전장에 나갔을까? 왕궁을 비운 사이에 혹시나 있을지 모를 정적들의 쿠데타가 걱정되지는 않았을까? 나라면 최전선에 나서서 목숨을 걸 수 있었을까? 아무리 생각해봐도 쉽지 않은 결정이다.

이쯤에서 멋진 상상을 해보자. 당시 왕들은 아레테의 덕목을 가슴에 품고 있었던 건 아닐까? 왕이 직접 전장에 나가 칼을 들고 싸울 때 비로소 그의 부하들도 사즉생(死卽生)의 각오로 뛰어들 것이다. 이들은 안전한 곳에서 지시만 하는 리더가 아니라 현장에서 모범을 보이는 것이 진정한 리더라고 믿은 게 아닐까?

스타트업의 리더라면 영업 아레테를 가져야 한다. 비즈니스는 책상에 앉아서 마우스로 병사를 움직이는 온라인 게임이 아니다. 사무실에서 거시적 전략을 짜고 지시하는 사람도 있어야 하지만, 실제로 밖으로 나가 칼과 방패를 들고 흙탕물에서 뒹굴 장수가 필요하다. 스타트업은 수성(守城)보다는 공성(攻城)이 중요하다. 최고의 공성 전략은 무엇일까? 바로 영업이다. 스타트업에서 영업을 책임질 사람은 다른 누구도 아닌 경영자이자 창업자여야 한다. 근본적으로 경영자와 영업은 아레테의 궤를 같이한다.

우리가 몸담고 있는 조직을 돌아보자. 고객의 불만을 소중하게 여기고 개선하려 노력하는가? 이메일로 온 고객 문의에 빠뜨리지 않고 신속하게 답변하는가? 기존 고객 명단을 별도로 관리하고 주기적으로 만나고 있는가? 고객이 요청한 개별 이슈에 적절히 대응하고 있는가? 정기적으로 시장조사를 하고 있는가? 반품 및 환불 정책에 대한 고객의 불만을 수용하고 있는가? 현금 회전율에 대한 거래처의 고충을 헤아려보았는가? 본인의 핵심성과지표Key Performance Indicator, KPI가 아닌 업무도 함께 고민하는가? 서비스 중인 서버가 다운되어 고객사가 피해를 입었을 때 적극 보상해주는가? 고객을 가끔씩 사내 미팅에 초대해 의견을 청취하는가? 부가세 신고가 끝난 세금계산서에 대해 마이너스 계산서를 끊고 재발행까지 해주는 정성을 발휘해봤는가? 설날이나 추석 연휴 때 서비스 장애로 긴급호출해도 군말 없이 출동하는가? 우리는, 혹은 우리 조직은 이런 물음에 어떤 답을 내놓을 수 있는가?

물론 이런 일들은 그다지 멋지지 않다. 분명 궂은일이다. 디테일에 강하고 자신이 하는 일에 애정이 있어야 할 수 있는 일이다. 그렇지만 누군가는 반드시 해야 하는 일이다. 영업자는 이런 일들을 묵묵히 수행하는 사람이다. 이들이 지닌 책임감은 경영자 못지않게 묵직하다. **다른 건 몰라도 '소는 내가 키운다'라는 책임감을 가져야 한다. 기업 내부를 들여다보면 궂은일은 꺼리고 멋진 일만 하려고 하는 사람들로 넘친다. 이는 스타트업의 정신도 아니며, 아레테의 정신도 아니다.**

그렇다. 영업은 물론 궂은일이지만, 그만큼 중요한 일이다. 돈을 벌어오니까 중요하다는 것이 아니라, 진심과 정성을 다해서 고객을 상대하는 일이기에 중요하다는 것이다. 영업은 단순히 회사의 제품이나 서비스를 판매하는 것만이 아니라, 고객과 소통하는 모든 절차와 과정을 아우른다. 영업은 노력이 든다. 그러나 재미가 없지도 않고, 어렵지도 않다. 아레테의 철학을 받아들이면 영업만큼 술술 풀리는 일도 없다.

마케팅과 영업의 차이점이 묻는다면, 나는 똑같이 무언가를 파는 것이지만 다른 점이 한 가지 있다고 답한다. 마케팅은 '창조한 것을 파는 일'이지만 영업은 '내가 확신하는 것을 파는 일'이다. 기업 측면에서 볼 때 둘 다 소중한 역량이다. 무엇이 더 중요하고 덜 중요한 건 없다. 다만 한 가지 강조하자면, 영업 담당자라면 아레테의 철학을 잊지 말아야 한다는 것이다.

창업가 정신 = 영업 마인드

기업이 어느 정도 성장 궤도에 오르면 스스로의 성공에 취해 혁신이 멈추는 모습을 흔히 볼 수 있다. 성공한 기업이 망하는 가장 큰 이유다. 성공이 실패를 부르는 것이다.

생존하기 위해서 기업은 끝없이 혁신해야 한다. '기업의 본질은 혁신'이라고 해도 틀린 말은 아니다. 혁신이라고 하면 흔히 정교한 이론이나 캠페인을 떠올리는데 혁신의 성공은 어디까지나 조직원들의 자질에 달려 있다.

여기서 자질은 무엇을 말하는 것일까? 변호사의 자질을 예로 들어보자. 변호사의 자질은 높은 재판 승소율일까? 논리적인 법리 해석 능력일까? 재판에서 이기면 변호사의 책무를 다한다고 할 수 있을까?

최승재 변호사는 그의 저서 《변호사 전》에서 "변호사 업의 본질은 변호사가 사회에 신뢰라는 자본을 제공하는 데 있다"라고 했다. 즉, 의뢰자의 변호를 맡아 사익을 추구하지만 동시에 공익도 함께 추구해야 하는 숙명을 가진 직업이 변호사라는 것이다. 최승재 변호사는 변호사들이 사회적 역할에 걸맞게 도덕성과 전문성을 지닐 것을 강조했다. 고고한 샌님의 도덕론처럼 들릴 수도 있지만, 자신의 일을 사회의 발전과 연결시키려는 마음가짐은 장기적인 안목에서 반드시 필요하다.

영업 담당자의 자질도 이와 비슷하다. '덮어놓고' 물건을 파는 게 영업자의 자질은 아니다. 모두가 자기네 제품이 최고라고 주장하며 일단 팔고 보자는 식으로 나온다면 사람들은 더 이상 영업 담당자들의 말을 신뢰하지 않게 된다. 더군다나 요즘은 얄팍한 상술에 속는 고객도 극히 드물다.

그런데 안타깝게도 영업의 현실은 이를 따라가지 못하고 있다. 경쟁사로 이직한 영업 담당자가 언제 그랬냐는 듯이 이전에 몸담았던 회사의 제품을 헐뜯는 모습을 흔치 않게 목격한다. 바로 며칠 전까지만 해도 그 회사 제품이 최고라고 외쳤으면서 말이다.

왜 사람들은 영업이라고 하면 부정적인 이미지부터 떠올리는지 영업 담당자들 스스로 되돌아볼 필요가 있다. 실리적인 이유에서도 그래야 한다. 얼렁뚱땅 속이는 태도로 대충 물건을 팔았다가는 각종 소셜미디어와 게시판에 악평이 도배될 것이다. 그렇다면 성과를 내는 영업 담당자의 자질은 무엇일까?

무한책임을 진다

영업 담당자는 영어로 '세일즈 레프리젠터티브Sales Representative'라고 하며, 흔히 명함에 영업 대표라고 쓰기도 한다. 회사의 대표란 뜻이다. 대표는 내 잘못도 내가 책임지고 동료들의 잘못도 내가 책임져야 하는 자리다.

회사를 대표하는 사람이 남 핑계를 대선 안 된다. 모든 사안에 최종적으로 책임을 진다는 자세를 가져야 한다. 그런데 스타트업의 영업 담당자들을 만나다 보면 이 부분을 이해하지 못하는 것 같다. '나는 그렇게 생각 안 하는데 우리 회사 대표님이 그러라고 했다' '그건 나도 모른다. 개발팀의 책임이다' '그건 마케팅팀의 잘못이다' 등등 수많은 이유를 댄다.

영업 담당자는 변명하는 사람이 아니라 책임지는 사람이다. 영업 담당자라면 직급이 무엇이든 상관없이 상대 조직의 대표자와 단독으로 만나서 우리 회사를 대변할 수 있어야 한다.

1년 365일, 주 7일, 하루 24시간 대기하라

영업 담당자는 1년 365일, 주 7일, 하루 24시간 대기 상태여야 한다. 이 또한 회사를 대표하기 때문에 그렇다. 제대로 된 회사라면 누군가는 언제든 고객의 요구에 답할 준비가 되어 있어야 한다.

스타트업은 체계화된 고객 응대 조직이 없는 경우가 많다. 그래서 고객과의 1차적 소통은 영업 담당자가 책임을 져야 한다. 시간을 내서 아무 스타트업에나 전화를 걸어보라. 제대로 연락이 닿는 회사가 생각보다 많지 않을 것이다. 어렵사리 통화가 연결되어 불만을 제기해도 적절한 답이 없는 경우도 적지 않다.

영업 담당자는 고객의 불만에 가급적 당일 내 응대해야 한다. 피치 못할 사정이 있어서 불가피하게 전화를 받지 못했다면 문자 메세지라도 보내야 한다. 퇴근한 뒤에는 전화를 받지 않아도 된다고 생각하거나 주말에는 회사 근처도 가기 싫다는 사람은 영업 담당자로서 자신의 자질을 의심해봐야 한다. 중요한 제안서 제출 시한이 월요일이라서 불만이라면 영업 담당자로서 성공하기가 쉽지 않다. 마감이 월요일이면 십중팔구 주말에 늦게까지 일을 해야 할 형편일 테니 사생활을 포기해야 하는데, 제대로 된 영업 담당자라면 이를 감내할 각오가 되어 있어야 한다. 월요일에 제출할 제안서가 동료들의 급여를 책임진다고 생각해보라. 영업 담당자는 조직의 가장이나 마찬가지다.

혹시나 오해할까 봐 짚고 넘어간다. 하루 24시간 대기하라고 해서

법정 근로시간을 무시하고 계속 일해야 한다는 뜻은 아니다. 적어도 회사가 안정적인 성장 궤도에 오를 때까지는 어떤 시스템이 우리 회사에 최적인지 파악하려고 노력해야 한다는 의미다. 예를 들어, 우리가 제공하는 제품을 필요로 하는 고객의 니즈가 새벽에 가장 많이 발생한다면 어떻게 해야 할까? 제공하는 상품이나 서비스가 기존에 존재하지 않던 것이라면 증명 절차도 없이 섣불리 가설을 세우고 이를 단정 지어선 안 된다. 예외적인 비즈니스가 아니더라도, 적어도 회사가 안정될 때까지는 언제든 고객과 연락이 닿을 수 있도록 준비하고 있어야 한다. 고객이 늦은 밤에 연락한다면 다음 날 오전 일찍 다시 전화드리겠다고 하고 끊더라도 일단은 전화를 받는 자세가 필요하다.

이쯤이면 영업 담당자는 사생활도 포기해야 하는 거냐는 볼멘소리가 나올 법하다. 성공하는 영업 담당자가 되는 게 생각보다 어렵게 느껴지는가? 아니다. 어렵게 생각하면 한없이 어렵지만, 잘 생각해보면 이제껏 설명한 영업 담당자의 자질은 창업가, 스타트업 리더가 갖춰야 할 자질과 비슷하다. 어떤 면에서는 아마추어와 프로의 차이와 비슷하다고도 할 수 있다. 일단 프로의 세계로 들어서면 리더, 창업자, 영업 담당자는 모두 동일한 인격체다. 이런 위치에 있는 사람이라면 특히 무한한 책임의식과 고객을 향한 눈과 귀를 갖춰야 한다. 다른 중요한 자질도 많지만 일단 이 두 가지는 꼭 갖춰야 한다.

영업을 잘하려면 어떻게 해야 하느냐는 질문을 많이 하는데, 성공한 영업 담당자의 이야기를 정리해보면 해답은 책임감과 기민성으로 함축된다. 글로벌 기업에서 20년의 영업 경력을 가지고 있는 한국에르하르트라이머의 최형택 지사장은 "영업을 잘하려면 어떻게 해야 합니까?"라는 내 질문에 "전화나 잘 받아!"라고 뼈 있는 농담을 건넸다.

잠재고객이라는 복리이자

"당신의 제품에 무관심한 대중을 상대하려 하지 말고, 당신의 제품에 정말로 관심이 있는 소수의 잠재고객과 이야기하라." 미국의 스타트업 사관학교로 불리는 와이콤비네이터Y Combinator의 공동창업가 제시카 리빙스턴의 말이다. 스타트업은 상대적으로 자원이 부족하기 때문에 물리적인 면에서 다수의 고객을 상대하기 어렵다. 이런 이유에서 리빙스턴은 자사 제품에 관심을 보이는 고객에게 집중해 "좁은 영역에서 깊게 만나야 한다"고 강조했다.

여기서 말하는 좁은 영역이란 한 명의 잠재고객 페르소나Persona라고 할 수 있다. 예를 들어보자. '서울 관악구 신림동의 원룸에 살면서 구로디지털단지역 인근 상가 1층에서 음식점을 운영하는 30대 초반의 젊은 사장'이 제대로 된 페르소나의 예다. 특정한 한 사람을 염두에 두고 여러 번 깊게 만나라는 이야기다. 얼핏 쉬운 일 같지만 결코 쉽지 않은 일이다. 우선 매우 번거롭다. 실제로 같은 고객을 몇 번이고 만나 깊은 대화를 나누는 영업 직원은 찾아보기 어렵다.

스타트업의 사업계획을 들어보면 저마다 시장 규모가 몇 조 원에 달하며, 매년 몇 퍼센트의 성장을 이루고, 수십만 명의 잠재고객이 있다고 자랑하기 일쑤다. 최대한 좁게 설정한 핵심 고객을 만나 이야기 나눴던 일화를 흥미롭게 소개하는 사람을 만난 적은 거의 없다.

조금 과장해서 말하면 시장과 고객을 숫자로 표현하는 것은 스타트업의 일이 아니다. 한 명이라도 실제 고객을 만나는 게 중요하다. **인터넷에 떠도는 정보나 경제연구소의 보고서, 대학 논문을 통해 시장을 보지 말고 지금 바로 현장으로 나가서 고객을 만나자. 이것이 바로 스타트업 시장조사의 첫 출발점이다.**

혹시 시장조사를 위해 여론조사기관을 수소문하고 있는 곳이 있다면 팔을 걷어붙이고 말리고 싶다. 스타트업에 필요한 것은 여론 조사가 아니다. 여론 조사는 모집단의 의견이나 성향을 전체적으로 분석하는 것이다. 과격하게 표현하면 15%, 22% 43% 등등을 더해 100%가 나오는 숫자로 가득한 여론 조사는 스타트업에 필요 없다. 스타트업에 필요한 것은 큰 흐름이 아니라 자기 회사의 물건을 사줄 핵심 독자의 살아 있는 이야기다. 그리고 그 이야기를 가장 잘 들을 수 있는 곳은 바로 영업 조직이다.

스타트업 종사자들은 삼성경제연구소의 리포트 같은 자료들을 가급적 멀리 하는 게 좋다. 이런 보고서들에는 환율의 추이라든지, 브릭스BRICs의 운명, 미국 연방준비은행의 양적 완화 같은 거시적 개

넘들이 넘쳐난다. 알아두면 나쁘지 않은 정보이지만, 이제 막 시장에 진출한 스타트업들에 미칠 외부 환경 변수로는 그다지 중요하다고 보기 어렵다. 이런 자료를 볼 시간이 있다면 내 물건을 사줄 만한 사람들을 한 명이라도 더 이해하기 위해 고객들 틈으로 직접 뛰어드는 편이 훨씬 좋다.

에어비앤비의 공동창업자 브라이언 체스키, 조 게비아는 창업 초기에 얼리어댑터 고객을 만나기 위해 매주 샌프란시스코에서 뉴욕까지 오고가기를 반복했다. 고객들을 만나서 피드백을 듣고 어떻게 하면 적절한 가격을 매길 수 있을지, 객실 사진은 어떻게 해야 잘 찍을 수 있을지, 어떻게 하면 더 직관적인 서비스를 제공할 수 있을지 현장에서 답을 찾으려고 노력했다.

에어비앤비는 얼리어댑터 고객과의 만남을 통해 신뢰를 쌓았고, 이렇게 쌓인 신뢰는 다른 호스트들을 소개받는 기회로 이어졌다. 잠재고객은 이런 노력 끝에 발굴된다. 한 사람이 두 사람이 되고, 두 사람이 네 사람이 되는 것이다. 쉽게 말해, 복리로 늘어나는 이자라고 할 수 있다.

영업력으로 성공한 티엘엑스

국내에도 에어비앤비처럼 창업자가 처음부터 직접 영업에 뛰어들어 영업의 힘으로 키워낸 회사가 있다. 통합 피트니스 멤버십 티엘엑스 패스TLX PASS를 운영하고 있는 티엘엑스가 바로 그곳이다.

티엘엑스 패스는 헬스, 골프, 요가 등 30여 가지 다양한 종목을 4,200여 개의 전국 가맹점에서 저렴하게 이용할 수 있는 멤버십 서비스다. 김혁, 강영준 두 명의 공동 창업자가 2009년 설립한 티엘엑스는 피트니스 분야에 통합 멤버십 개념을 적용해 2017년 100억 원 이상의 매출을 올렸다.

최근에는 원앤파트너스와 LB 인베스트먼트로부터 50억 원의 투자를 유치했다. 창업한 지 10년도 안 된 이 회사의 서비스를 벌써 20만 명 이상이 이용하고 있다.

무엇보다 주목할 점은 회사를 설립한 지 8년 만에 외부 투자를 유치했다는 점이다. 처음 사업을 시작하고 나서 8년 동안은 투자를 받지 않고 회사를 꾸려왔다. 스타트업 중에서 엔젤투자를 받은 5%의 기업이 5년 안에 70%가 폐업하는 상황에서 8년간 회사를 어떻게 유지할 수 있었을까?

비밀은 강력한 영업력과 실질적인 수익에 있다. 티엘엑스의 사업은 전형적인 O2O Online to Offline 비즈니스로, 피트니스 센터와 회원 모두를 직접 관리해야 하는 노동집약적인 모델이다. 쉽게 말해 1년 365일 전국을 돌아다니며 피트니스 센터 수천 곳을 발로 뛰며 관리해야 한다.

두 명의 창업자가 이런 방식으로 어떻게 회사를 경영했을지 궁금했다. 그래서 무작정 김혁 대표에게 미팅을 요청하는 이메일을 보냈다. 흔쾌히 만나자는 연락이 왔다. 영업을 중시하는 사람은 누구와의 만남도 두려워하지 않는다. 새로운 만남에서 기회를 얻을 수 있으리라고 믿기 때문이다.

대화를 시작한 지 채 10분도 지나지 않아서 티엘엑스가 수익을 낼수밖에 없는 이유를 알 수 있었다. 영업을 대하는 자세부터 남달랐다. 두 창업자는 창업 초기부터 발바닥에 땀이 나도록 직접 영업을 다녔다고 했다. 두 대표는 창업하자마자 가맹점들을 일일이 찾아가 티엘엑스의 가치를 설명했다.

특히 초기에는 현금을 회전시키기 위해 기업 위주로 회원을 모집했다. 직원 복지로 피트니스 서비스를 제공하도록 설득한 것이다. 스타트업에는 소위 '마중물'이 있어야 한다. 당장의 마진을 포기하더라도 기업 회원을 유치하면 개인 회원 수백 명을 유치하는 효과를 얻게 되고, 기업의 피를 돌게 하는 현금흐름을 갖게 된다. 이와 같은 맥락에서 선불제 과금 체계를 채택해 현금흐름의 선순환 고리를 만들었다.

매출이 전혀 없는데도 인력부터 대거 채용하는 다른 스타트업과 달리 인력 충원 또한 보수적으로 했다. 사업 분야에 따라 초기 투자 비용은 많이 들어가지만 매출이 매우 더디게 발생하는 경우도 있게 마련이다. 따라서 매출과 매우 밀접하게 연관되는 채용 문제엔 매우 신중하게 접근해야 한다.

영업에는 왕도가 없다. 회사가 제공하는 가치가 명확하다면, 그다음부터는 발품이다. 스타트업의 영업은 질보다 양이 중요하다. 작은 거래 하나하나가 모여 의미 있는 매출이 쌓이고, 그것이 비즈니스 모델이 되기 때문이다.

머릿속에 이상적인 비즈니스 모델을 만들려고 애쓰지 마라. 그렇게 도출된 모델은 탁상공론의 결과물인 경우가 많다. 하나의 아이디어가 떠오르면 직접 발로 뛰어서 적어도 100명 정도의 잠재고객을 만날 각오를 하자.

고객의 문을 두드리는 영업자에게 세상은 문전박대하는 사람, 마음을 손바닥 뒤집듯 바꾸는 사람, 약속을 밥 먹듯이 어기는 사람 등 어이없는 사람들로 가득찬 것처럼 느껴진다. 고객과의 만남은 지극히 어려운 일로, 성과가 바로 보이는 경우는 극히 드물다. 때론 자존감에 크게 상처를 받을지도 모른다.

그러나 고객을 직접 만나야 사업을 구체화할 수 있다. 수수료율을 어느 정도로 정해야 합당하다고 느끼는지, 고객이 앱을 사용하다 다운되었을 때 가맹점과 개인 고객에게 각각 어떤 조치를 취해야 하는지, 혹시 누군가가 낙전 수입에 대해 이의를 제기하지는 않는지, 법적인 문제는 없는지, 24시간 운영하는 피트니스 센터의 경우 고객센터는 어떤 식으로 운영해야 하는지 등은 일선 현장에 있지 않고서는 알 수 없는 것들이다. 이런 면에서 볼 때, 티엘엑스는 현장 영업에 대한 신념이 대단했다.

또한 사업을 운영하는 데 있어 가장 중요한 것은 무엇보다 상호신뢰이기 때문에 덮어놓고 가맹점만 늘리는 식으로 회사를 운영하지 않았다. 단기간에 가맹점만 늘린 다른 O2O 서비스가 관리 소홀로 지적 받는 경우가 많다는 점에서 티엘엑스의 사례는 귀담아들을 필요가 있다. 단 하나의 가맹점이라도 티엘엑스의 가치를 충분히 이해하고 공감할 때만 거래를 진행했다.

김혁 대표는 영업의 핵심은 고객의 문제점과 니즈를 파악하고 그를 해결해주는 데 있다고 강조했다. 티엘엑스 가맹점은 매출이 늘어나면서도 관리가 편해지는 서비스를 바랐고, 이용자들은 언제 어디서나 여러 가지 혜택을 받을 수 있기를 바랐다. 이런 명확한 니즈에 대해 확신을 갖고 영업하는 것이 중요하다고 덧붙였다. 이처럼 스타트업의 대표가 영업에 확고한 철학을 가지고 있을 때, 기업은 충분히 자력으로 성장할 수 있다. 티엘엑스에 투자한 원앤파트너스의 박제무 이사는 티엘엑스에 투자한 이유를 이렇게 설명했다.

"TLX가 매년 성장을 하고 있는 데다 매출도 착실히 내고 있기 때문에 쉽게 투자 결정을 내릴 수 있었습니다."

2장

STEP 1
영업 시스템 구축
분석하고, 쪼개고, 평가한다

세상은 온통 몽상가들로 가득합니다.
하지만 자기 자신의 비전을 실현하기 위해
구체적인 행동에 나서는 사람은 많지 않습니다.
– 클레멘트 스톤

01

—

'열심히'는 이제 그만.
목표 설정부터
제대로 하자

Q : 영업 시스템을 구축하는 게 너무 어렵습니다. 어떻게 해
　　야 할까요?

A : 영업 시스템을 구축하기 위해선 두 가지만 기억하면 됩
　　니다. 첫째, 영업 활동의 효율성을 측정하고 이를 공유하
　　고 개선하겠다는 실천 의지. 둘째, 리포트를 보고하고 평
　　가해 피드백을 얻고자 하는 실천 의지. 이 두 가지만 있으
　　면 됩니다. 리포트는 엑셀로 한두 가지 양식을 만들어서
　　꾸준히 관리하면 됩니다. 중요한 건 실천 의지입니다.

영업은 액션이다_목표 설정 Goal Setting

미국의 컨설팅 조사 기관인 양키그룹에 따르면, 영업자들은 업무 시간 중 평균적으로 26%만 실제로 셀링selling을 한다. 노동 시간으로 환산하면 하루에 100분 남짓만 판매(영업) 활동을 한다는 뜻이다. 영업자로서는 억울한 생각이 들 수밖에 없다. 그런데 왜 이런 조사 결과가 나온 것일까? 이유를 알아봤더니 영업자들은 영업 활동 이외에 하는 일이 많아서 그렇다고 한다.

영업 계획도 세워야 하고, 회의에도 참석해야 하고, 보고서도 작성해야 한다. 가끔은 영업과 직접적인 상관이 없어 보이는 지원 업무에 차출되기도 한다. 물론 이런 것들이 전혀 쓸데없는 일은 아니

다. 게다가 매일 핵심 업무만 할 순 없다. 장기적으로 봐도 다양한 업무의 강약을 조절해 조화를 이루는 것이 개인과 회사 모두에게 훨씬 이롭다.

그러나 26%라는 수치는 효율성 면에서 봤을 때 아쉬운 생각이 드는 것이 당연하다. 게다가 스타트업은 그 특성상 효율성에 민감해야 한다. 적어도 핵심 업무에 대해서는 효율성을 극대화하고 목표를 달성하는 시스템을 갖춰야 한다. 스타트업은 극단적으로 제한된 자원을 가지고 생존과 성장을 동시에 이뤄내야 하는 기업이다. 따라서 영업 활동에서의 효율성 극대화는 기업의 존폐와 직결되는 사항이라고 할 수 있다.

그런데 우리 회사의 영업팀이 하루에 몇 시간 정도 실제로 영업 활동을 하고 있는지 정량적으로 파악하고 있는가? 영업팀이 하루에 몇 건의 영업 및 판매 업무를 소화하고 있는가? 일주일에 몇 통의 전화를 하고, 몇 건의 이메일을 주고받으고, 몇 번의 고객(고객사) 방문을 가고 있는가? 각각의 활동에 대한 효율성은 측정하고 있는가? 영업 활동의 질과 양은 어떤 기준으로 정하는가?

영업을 그저 열심히 하거나 감으로 하는 시대는 지났다(사실 이런 방식으로 영업을 하던 시대는 오래전에 지났는데 우리는 여전히 영업이라고 하면 관습적으로 '열심히'라는 말을 떠올린다). 모든 영업 활동을 측정하고 평가해야 한다. **측정과 평가를 위해서는 '특정 기간 내' 팀원들이 '의무적'으로 해야 하는 '직무 활동**Role & Responsibility**의 기준'을 정해야 한다.**

이제부터 목표 설정, 액션 플랜 작성, 파이프라인 관리와 성과 예측, 세일즈 리포트 작성 및 관리까지 영업 시스템을 구축하고 운영하는 법을 알아보자.

영업 프로세스의 성과 측정 및 평가
G - A - P - R 프로세스

Goal Setting(영업 목표)

▼

Action Plans(액션 플랜)

▼

Pipeline Management(파이프라인 평가 및 관리)

▼

Report Management(세일즈 리포트 작성 및 관리)

영업은 행동의 기술이다. 흔히들 영업은 말을 잘해야 하는 직무라고 착각하는데 그렇지 않다. 영업은 입은 닫고 몸을 움직이는 직무다. 행하는 것이 얼마나 중요한가? 굳이 설명할 필요도 없다. 사람들이 이를 모르는 것은 아니지만 솔직히 실천으로 이어지지는 않고 있다. 머리와 입으로 아무리 다짐해도 행동으로 옮기지 않아서 실패하는 경우를 우리는 흔히 본다.

몸은 습관에 길들여지게 마련이라 웬만한 충격요법이 아니고서는 행동을 바꾸거나 통제하기가 쉽지 않다. 요즘에는 알림 기능을 제공하는 다양한 앱 서비스들이 나와 있어서 행동을 통제하는 데 어느 정도 도움을 받을 수 있다. 개인의 행동 패턴을 자동으로 인식해 적절한 정보를 제공하는 푸시 서비스도 있다. 각자의 성향을 파악해 그다음 행동을 유도하는 큐레이션 서비스도 이용할 수 있다.

그런데 이렇게 무언가를 행동으로 옮기기 이전에 선행되어야 하는 작업이 있다. 바로 목표 설정Goal Setting이다.

목표 설정이라고 하면 흔히 '1등을 하겠습니다' 같은 선언으로 것으로 착각하는 경우가 많다. 영업에서 목표는 '특정 시간 안에 영업 실행을 얼마만큼 해야 하는지'를 정해놓는 깃발이다.

영업은 반드시 목표를 먼저 설정하고 행동해야 한다. '목표가 없는' 행동은 곧 추진력을 잃게 마련이다. 목표가 명확하지 않으면 처음의 각오는 머지않아 모래성처럼 무너진다.

이미 설정한 목표를 달성하지 못하는 것 또한 문제가 된다. 대기업처럼 탄탄한 회사는 목표를 달성하는 데 한두 번 실패해도 살아남을 수 있다. 그러나 스타트업은 목표를 달성하는 데 한두 번 실패했다간 문을 닫아야 할지도 모른다. 따라서 목표를 설정한 뒤에는 이를 달성하기 위한 행동의 측정과 평가가 지속적으로 이루어져야 한다.

목표는 어떠한 기준으로 정해야 할까? 회사가 속한 비즈니스 환경에 따라 달라지겠지만, 기본적으로 몇 가지 전제 조건은 있다.

첫째, 실현 가능한 목표Feasable Goal를 세워야 한다

대기업이나 글로벌 기업들은 너무 높은 기준을 목표로 세워서 직원들이 지레 나가떨어지거나 연말마다 반성문을 쓰게 만드는 반면, 스타트업들은 기준이 아예 없거나 모호하고 때론 너무 낮아서 긴장감이 떨어지곤 한다.

적절한 목표 설정은 직원들의 동기 부여에 긍정적인 영향을 미친다. 사람은 누구나 목표를 달성하면 희열을 느끼는 법이다. 목표를 달성한 조직은 더 큰 목표를 세워서 또 다시 성취감을 느끼려고 스스로를 채찍질하게 된다.

둘째, 구체적으로 시간 프레임Time Frame을 설정한다

목표는 정해진 기간 내에 달성해야 한다. 일반적인 기업의 영업자라면 매 분기, 매 월 매출의 압박을 느끼는데, 이는 바로 시간 프레임 때문이다.

매출은 정해진 시간 내에 달성해야 의미가 있다. 비즈니스는 90분 이내 승리해야 하는 축구경기와 같다. 가령 1분기에 5000만 원의 매출을 올리겠다고 목표를 세웠다면 무슨 일이 있어도 그 목표를 달성하겠다는 '이기는 정신Winning Mentality'을 가져야 한다.

실현 가능성 (Feasability)	목표가 너무 높으면 조식의 사기가 저하된다. 목표가 너무 낮으면 시장 상황을 제대로 파악하지 못한 것이다. 전년도 경제성장률이나 시장 상황, 시장점유율을 바탕으로 목표를 설정한다.
예측 가능성 (Time-Frame)	목표는 반드시 시간 프레임이 있어야 한다. 주간, 월간, 분기, 연간 타깃 등 정해진 기간 내에서 측정되어야 한다. 그렇게 추려진 결과물을 가지고 매출 및 수익 추이, 전년 대비(YoY), 분기 대비(QoQ) 등에서 유의미한 데이터를 찾아내 의사결정에 적용한다.

▶목표 설정의 두가지 조건◀

영업은 숫자다_영업 목표 세우기 Goal & Budget

경영의 표준어는 '숫자'다. 업무는 항상 숫자로 이야기해야 한다. 최소한 비즈니스에서 숫자로 표현할 수 없는 개념은 존재하지 않는다고 생각해도 된다. 기업의 사업 목표와 영업 계획, 매출과 마진 등 경영과 관련된 대화, 계획, 리포트 등은 모두 숫자로 표현되어야 한다. 그렇기 때문에 경영학과나 MBA에선 재무와 회계를 필수로 배운다. 경험 있고 능력이 뛰어난 경영자는 사업과 관련된 모든 질문에 반드시 숫자로 답을 한다.

가령 누군가가 "내년 사업 계획은 어떻게 됩니까?"라고 묻는다면, 경험이 풍부한 경영자는 "전년 대비 15% 성장을 목표로 하고 있습니다"라고 답할 것이다. 반대로 경험이 부족한 경영자는 모호한 수식어를 즐겨 쓴다. '열심히' '최대한' '전략적으로' 같은 부사를 남발하는 식이다. 이런 수식어는 얼핏 듣기에는 의지가 충만한 것처럼 느껴진다. 하지만 "내년에는 더욱더 열심히 해서 최대 매출을 이뤄낼 것입니다"라는 답은 "내년에 어떻게 할지 잘 모르겠습니다"라는 말과 같다.

영업도 마찬가지다. 영업 목표는 회사의 비전과 목표를 반영해 처음부터 끝까지 숫자로 채워져야 한다. 그러나 아무리 영업을 우선시하더라도 기업이 추구하는 가치에서 벗어나면 안 된다. 그렇기 때문에 영업 목표를 설정할 때는 회사의 가치, 목표, 제품, 브랜딩, 포지셔닝, 가격 등의 경영 전략 안에서 작성해야 한다.

익숙해지면 영업 목표만 다뤄도 좋지만, 영업 목표와 함께 경영 전략을 작성하면 반복적인 영업 활동으로 매너리즘에 빠지기 쉬운 영업팀에 동기를 부여하고 책임감을 심어줄 수 있다.

내 경우, 계획 단계에서부터 영업부 팀원들과 함께 목표를 설정하는 데 많은 공을 들인다. 위에서 떨어지는 지시가 아니라 직접 업무를 수행할 당사자가 스스로 세운 계획은 그만큼 진정성 있고 절실하기 때문이다. 팀원들과 같이 계획을 세울 때는 상사의 의견을 강요하면 안 된다. 의견 충돌이 빚어지더라도 충분히 이해하고 공감하도록 끝까지 노력해야 한다.

영업 담당자가 처음부터 끝까지 직접 계획서를 작성하다 보면, 회사가 추구하는 비전과 목표가 자연스럽게 동기화된다. 이해를 돕기 위해 IT 하드웨어 제품의 영업 목표 설정 사례를 소개한다.

경영 전략

아웃도어용 스마트 장비 스타트업 '알투기어(R2GEAR)'의 영업 목표 설정 사례
(2017년 4분기 현재 기준)

경영 전략	내용
1. 가치(Value)	대중에게 대자연과 아웃도어의 경험 선사
2. 목표 (Objectives)	2018년 국내 시장 3억 원 영업 목표 달성 2018년 해외 시장(미국, 일본) 2억 원 영업 목표 달성
3. 제품 및 경쟁사 (Products&Competitors)	워키토키, LED라이트, 스타일러스 펜, 블루투스 스피커, 비상 버튼 등 다섯 가지 다기능 제공. 국내 S사 등 3개 사, 중국 A사, 핀란드 B사가 주요 경쟁 사이며 가격은 비슷한 수준
4. 브랜딩 (Branding)	전자제품보다는 장비(gear) 이미지 일반인이 쉽게 즐길 수 있는 아웃도어 장비
5. 포지셔닝 (Positioning)	아웃도어와 일상 생활에서 모두 사용 가능한 생활밀착형 장비 등산, 낚시, 캠핑을 즐기는 40대 남자가 주요 타깃
6. 가격 (Pricing)	경쟁사보다 다양한 기능을 제공하면서 가격은 낮게 책정 온라인몰 활성화를 통해 마진 극대화

▶ 경영 전략◀

먼저 회사의 가치Value와 그것을 달성하기 위한 목표Objectives를 적는다. 그리고 소비자 입장에서 제품을 생각해 특징과 가격 전략을 요약한다. 이를 경쟁사와 비교분석해 과연 어떤 포지셔닝을 가지고

브랜딩 전략을 세울지 작성한다. 이후 마케팅팀과 대화를 나눈 후에 브랜딩Branding 전략을 마련한다.

성과 예측

경영진이라면 경영 전략은 이미 몇 번쯤 작성해보았을 것이다. 이전에는 주로 외부에 보여주기 위해 작성했다면 이번에는 철저히 영업 목표를 달성하기 위해 솔직하고 간략하게 작성해보자. 경영 전략은 간략하게 작성해도 무방하다.

구분	내용
1. 2017년 영업 결과 (Sales Result)	국내 시장 매출 1.8억 원(예상) 총수익률 25%
2. 2017년 영업 리뷰 및 대책 (Review & Requirement)	영업 채널 리뷰(3개 대리점, 5개 오픈마켓, 4개 폐쇄몰) 주요 거래(딜) 리뷰(D사 총무팀 공동구매건) 마케팅 채널 리뷰(페이스북 광고 예산 삭감, MCN 채널 검토) 품질 이슈(방수, 방진 안전성 등) 배송 이슈(16시 이전 주문건에 대해 당일 발송) A/S 이슈(기존 수리 교체에서 1:1 리퍼 제도로 변경)
3. 2018년 영업 성과 예측 (Sales Forecast)	연간 영업 목표(국내 매출 3억 원, 해외 매출 2억 원, 총 이익률 22%) 분기 영업 목표(아웃도어 제품의 계절성 고려) 월간 영업 목표 주간 영업 목표

▶영업 결과 및 성과 예측◀

분기 혹은 연간 매출이 집계되지 않은 상황이라 영업 목표를 설정할 수 없다는 말은 그야말로 핑계에 불과하다. 영업 담당자는 어느 시점에라도 자신과 팀의 매출 흐름을 파악해 예측 가능성을 높여야 한다.

영업 담당자는 이미 정리된 숫자를 논하는 사람이 아니다. 성과 예측을 할 줄 알아야 한다. 매출과 이익의 현재와 미래를 알아야 제대로 된 영업 목표를 세울 수 있다.

매출을 많이 '따오는' 사람보다 매출 예측을 '정확하게' 하는 사람이 더 유능한 직원이다. 가끔 영업 담당자 중에 경영진에게도 보고하지 않고 별안간에 큰 거래를 성사시키고는 으쓱해하는 경우가 있는데, 회사 차원에서 이는 크게 반길 만한 일이 아니다. 성과가 예측되지 않은 거래이기 때문이다. 장기적으로 이런 영업 담당자는 경영진에게 신뢰를 받을 수 없다. 다시 말하지만 경영 전략과 영업 목표의 동기화를 항상 기억하자.

성과 예측 리포트

2017년 영업 결과를 작성했다면, 2018년 영업 목표를 예측하기 전에 반드시 리뷰와 대책 마련의 시간을 가져야 한다. 2017년을 돌아보니 영업적으로 어떤 점은 잘했고 어떤 점은 못했는지 평가해야 한다. 분야에 따라 다르지만 온라인 및 오프라인 유통 채널을 잘 공략했는지, 대리점의 불만 사항은 없었는지, 소비자들의 불만 사항

은 없었는지, 배송 및 A/S 이슈는 무엇인지 점검해보자. 연간 목표
의 경우, 거시적인 경제 지표, 경기 선행 지수 등을 파악한다. 글로
벌 서비스의 경우, 전 세계의 변수들을 예측해 한 해의 영업 목표를
조율한다.

이를 구체적인 숫자가 담긴 영업 성과 예측 리포트로 만들면 다음
과 같이 표로 표현할 수 있다.

국내시장	2017 Q1~Q3	2017 Q4Exit	2018 Q1 FCST	2018 Q2 FCST	2018 Q3 FCST	2018 Q4 FCST	2018 FCST
계절성(%)			18	30	22	30	100
판매량(개)	900	300	360	600	440	600	2000
매출(백만 원)	135	45	54	90	66	90	300
YoY(%)			54	100	20	100	67
QoQ(%)			20	67	−27	36	N/A
총이익 (백만 원)	33.75	11.25	9.72	18.9	15.18	21.6	65.4
총이익률 (%)	25	25	18	21	23	24	22

▶성과 예측 리포트◀

표의 내용을 간략히 살펴보자. 아웃도어 장비인 만큼 계절별 특성
을 탈 것이기 때문에 분기별로 계절성Seasonality을 각각 18%, 30%,
22%, 30%로 설정했다. 스포츠, 레저, 아웃도어, 서비스업같이 계
절의 특성을 많이 타는 산업은 계절(분기)에 따라 강약을 잘 조절해
야 한다. 제품이나 서비스마다 계절성 같은 나름의 특성이 있기 마련
인데, 이에 따른 성과 예측 배분은 딱 정해진 답이 없다. 각기 처해진

환경과 경험적 실증을 바탕으로 도출해야 한다. 경력이 쌓이다 보면 자연스럽게 답을 도출할 수 있는데, 처음에는 경험이 없기 때문에 일단 합리적 추론, 즉 가설에 의존할 수밖에 없다. 위 사례의 경우, 제품 1개당 평균 가격을 15만 원으로 책정하고 그에 따른 판매량과 매출액을 적용했다.

다음으로 YoYYear on Year, 전년 대비와 QoQQuarter on Quarter, 분기 대비라는 용어에 주목하자. YoY는 말 그대로 전년 대비 증감률이고, QoQ는 직전 분기 대비 증감률이다. 영업 계획대로 2018년을 마감한다면 최종적으로 약 6,500만 원의 총이익이 발생할 것이다. 사무실 임대료 등 기타 비용을 제외하고 말이다. 성과 예측 보고서에 따르면 이 회사는 2018년에 다행스럽게도 의미 있는 매출은 발생할 것이지만, 아직 직원들에게 제대로 된 급여를 줄 만한 사정은 못 된다. 그러나 2019년에도 계속 성장을 거듭한다면 점차 개선될 여지가 충분하다.

영업 계획은 주 단위로 세운다

연간, 분기별로 영업 성과 예측을 했다면, 이제 더 짧은 주기의 영업 계획을 세워야 한다. 통상적으로 기업에서 가장 짧은 시간 단위의 미팅 간격은 주간 미팅이다. 영업 목표 역시 주간 단위를 가장 작은 관리 단위로 설정한다. 일별로 관리하는 것은 무리가 있다. 매니저가 매일 체크하기도 힘들고 담당자의 일정이 불규칙할 수도 있기 때문이다. 어떤 업종의 경우 매주 영업 결과, 성과 예측을 점검하는 것도 힘들다고 생각할 수 있다.

그러나 1년은 고작 52주로 이루어져 있다. 연휴와 휴가를 빼면 실질적으로 근무하는 기간은 50주도 채 안 된다. 다른 말로 하면 영업 목표를 달성하는 것은 1년에 약 50번 실행과 점검을 꼼꼼히 하는 것을 의미한다. 월간 목표는 연간 목표를 단순히 12등분하는 것이 아니다. 매월 목표가 같을 수는 없기 때문에 세밀하게 짜야 한다. 2월은 영업일수가 적고, 겨울과 가을에는 큰 명절이 있다. 7~8월에는 여름휴가가 집중되며 12~1월에는 연말연시로 정신이 없다. 교육사업이라면 개강과 방학이라는 특수성도 따져야 한다. 따라서 해당 산업의 월별 특수성을 잘 확인하고 목표를 정한다. 다음은 월간 영업 목표 설정 예시다.

제품별 매출 (단위:백만 원)	1월	2월	3월	18Q1	4월	5월	6월	18Q2
제품1 매출	5	5	7	17	7	9	10	26
제품2 매출	2	2	2	6	2	3	3	8
제품3 매출	8	10	13	31	16	19	21	56
합	15	17	22	54	25	31	34	90
제품별 매출 (단위:백만 원)	7월	8월	9월	18Q3	10월	11월	12월	18Q4
제품1 매출	3	3	5	11	7	12	10	29
제품2 매출	2	2	4	8	4	4	3	11
제품3 매출	16	13	18	47	18	22	10	50
합	21	18	27	66	29	38	23	90

▶월간 영업 목표◀

영업은 플랜이다_액션 플랜 Action Plans

액션 플랜은 영업 담당자들이 매일 체크하고 실행해야 하는 과업이다. 매장을 운영하는 직원이 출근해서 문을 열고, 불을 켜고, 청소를 하고, 손님을 받고, 구매 주문을 하고, 관리 시스템에 입력하고, 결산하는 등 미리 주어진 일을 매일 빠뜨리지 않고 하는 것과 같다.

일상의 과업은 날씨가 좋건 나쁘건 간에 상관없이 갑자기 돌발적인 상황이 벌어지더라도 빠뜨리지 말아야 한다. 트럭이 매장으로 돌진해 매장 유리가 깨지는 사고가 일어나더라도 일단 수습하고 나면 기본 과업은 그대로 계속 수행해야 한다. 직원이 공포에 사로잡히거나 충격을 받았더라도 매장은 여전히 돌아가야 하기 때문이다. 너무 매정한 것 아니냐고? 과업은 초등학교 때 방학 숙제처럼 한번 밀리기 시작하면 바로잡기가 어렵다. 게다가 영업 업무는 대신해줄 사람이 없다. 영업 담당자가 곧 최종 책임자라고 생각하자.

영업 플랜 세우기

액션 플랜은 거창한 게 아니다. 몇 개의 아웃바운드 콜을 할 것인지, 몇 번의 신규 고객 방문을 할 것인지, 몇 번의 기존 고객 방문을 할 것인지, 몇 통의 e-DM을 발송할 것인지 등을 단위 기간별로 계획하고 행동한 다음에 측정한다. 단위 기간은 주간, 월간, 분기 등 편의에 따라 구분한다.

영업팀장, 매니저의 가장 중요한 업무 중 하나가 팀원들이 액션 플랜을 잘 수행하고 있는지 확인하는 것이다. 단, 명심할 것이 있다. 확인하라고 해서 군대식으로 상명하달하거나 자로 댄 듯 딱딱하게 평가해선 안 된다. 팀원들이 의욕적으로 일할 수 있도록 동기 부여를 하고 양질의 교육을 실시해 최대한 역량을 발전시켜야 한다.

액션 플랜은 세밀한 직무 기술Job Description이라고 할 수 있다. 직무 기술이 해당 직무를 맡은 사람이 해야 할 일들을 나열한 좀 더 포괄적인 의미의 기술서라면, 액션 플랜은 직무 담당자가 특정한 시간 프레임 내에 실제로 몇 번 행하느냐를 기술하는 좀 더 구체적인 계획서라는 점이 다르다. 액션 플랜은 당연히 해당 비즈니스 환경마다 다르다. 이해를 돕기 위해 아래 표에 간략한 예를 들었다.

직무	수행 주기	횟수	승인권자
아웃바운드 콜(Outbound Call)	매일	12	영업팀장
아웃바운드 이메일(e-DM)	매일	10	영업팀장
신규 고객 방문(Visit)	매일	3	영업팀장
기존 고객 방문(Visit)	주간	2	영업팀장
견적서 발행(Quotation)	매일	4	영업팀장
웨비나 개최(Webinar)	월간	2	마케팅팀장
전시회 참여(Rodashow)	분기	1	마케팅팀장
고객 설문 조사(Survey)	분기	1	마케팅팀장
시장/경쟁사 조사(Research)	분기	1	마케팅팀장

▶액션 플랜의 예◀

액션 플랜에 견적서 발행이 있는 것이 다소 의아할 것이다. 견적서를 발행하는 것은 잠재고객이 요청하거나 영업 절차가 상당히 진행된 뒤에 하는 특별한 일이 아닐까 하는 의문이 들지도 모르겠다. 그런데 사실 견적서를 발행하는 것은 다양한 영업 활동에서 매우 중요한 업무 가운데 하나다. 때문에 잠재고객이 먼저 요청하지 않더라도, 혹은 영업의 진척도가 그다지 많이 진행되지 않았더라도 항상 준비해두어야 한다. 경험적으로 보면 견적서를 받은 잠재고객은 그렇지 않은 고객에 비해 구매로 이어질 확률이 더 높다. 따라서 견적서 발행을 액션 플랜의 하나로 두고 영업 담당자의 행동을 유도해야 한다.

회사마다 각각 사내 문화와 정책이 다르지만, 마케팅과 영업을 지나치게 분리하는 것은 어떤 경우든 적절하지 않다. 가령 웨비나 Webbinar, 웹상에서 열리는 세미나나 고객 설문 조사의 경우, 일반적으로 마케팅팀에서 전담하는데 영업팀과의 조율 없이 진행하다 보니 마케팅 메시지와 영업 활동 사이에 간극이 크게 벌어지는 경우를 흔히 볼 수 있다.

이렇듯 서로 다른 분야가 얽혀 있는 부서간 공통 업무의 경우, 영업팀과 마케팅팀이 협업해야 시너지 효과가 발생한다. 액션 플랜 의무는 영업팀에 두고 승인권자는 마케팅팀장으로 정하는 식으로 관련 업무를 분리하는 것도 하나의 방법이다. 마찬가지로 마케팅팀원들도 영업팀장의 승인을 받도록 유도하는 것도 가능하다.

액션 플랜을 실천하면 시장이 보인다

액션 플랜을 설정할 때는 반드시 각 액션과 결과의 단계별 전환율 Conversion Rate을 계산하자. 아웃바운드 콜에서 리드Lead로의 전환된 비율, 리드에서 기회Opportunity로 전환된 비율, 기회에서 방문Visit으로 전환된 비율, 그리고 방문에서 클로징Close으로 전환된 비율을 꼼꼼히 챙겨야 한다. 이렇게 해야 어떤 액션들이 실질적으로 효과가 있었는지 검증하고 다음 계획에 반영할 수 있다. 측정하지 못하면 당연히 개선할 수 없다. 다음 표는 단계별 전환율의 예다.

Contact	Outbound	Lead	Opportunity	Visit	Quatation	Close
잠재고객1	O	O	O	O	O	O
잠재고객2	O	O	O	O	O	
잠재고객3	O	O	O	O		
잠재고객4	O	O	O	O		
잠재고객5	O	O	O			
잠재고객6	O	O	O			
잠재고객7	O	O				
잠재고객8	O	O				
잠재고객9	O					
잠재고객10	O					
합	10	8	6	4	2	1
직전 단계 대비 전환율 (%)		80	75	67	50	50
최초 단계 대비 전환율 (%)		80	60	40	20	10

▶영업 단계별 전환율의 측정 및 계산◀

모수(합)를 10개라고 했을 때 처음 아웃바운드 콜을 했을 때부터 각 단계가 진척될수록 성공에 이르는 건수가 점점 줄어드는 것을 확인할 수 있다.

일정한 기간을 정해 산업별, 지역별, 기업 규모별로 결과치를 내다 보면 유의미한 통계를 발견할 수 있다. 예를 들어, 특정 지역에서는 눈에 띄게 높은 전환율이 나타나고, 특정 산업에서는 매우 저조한 전환율이 나타난다. 이것이 바로 효율성이다. 경험이 쌓이다 보면 결정적인 순간에 효율성이 높을 법한 곳에 영업력을 집중해 성과를 극대화하는 방법을 찾을 수 있다. 사소한 차이가 영업의 성공을 결정한다. 귀찮더라도 액션 플랜의 힘을 믿고, 이를 통해 나의, 우리 팀의 영업을 점검해보자.

마지막으로 영업 담당자의 개인적인 업무 처리 요령을 짧게 소개하겠다. 영업 보고는 주간 단위로 하더라도 영업 담당자 본인은 하루 단위로 쪼개 업무를 수행하는 것이 좋다. 오늘 정해진 과업을 못 마쳤다면 내일은 반드시 보충해야 한다. 일주일 단위 안에서는 유동적으로 일할 수 있지만, 일주일을 넘기면 목표가 적체돼 이를 해결하기가 쉽지 않다.

과업 관리를 잘하기 위해서는 오전, 오후로 업무의 종류를 나누는 것도 한 방법이다. 물론 이 방법이 반드시 답은 아니다. 어떤 식으로든 자신만의 규칙을 세워보자. 부지런한 영업 담당자라면 저녁에는 각종 네트워킹 행사에 참석하거나, 지금 하고 있는 일과 전혀 관련 없는 모임이나 교육에 참석해보는 것도 도움이 된다. 이런 곳에서 뜻밖의 정보를 얻을 수도 있다. 바쁘더라도 일주일에 한 번쯤은 이런 의미 있는 외도(?)를 추천한다.

02
—
'주먹구구'는 이제 그만. 냉정하게 예측하고 치열하게 평가하자

Q : 저는 리포트의 효과를 믿을 수 없습니다. 과도한 문서 작업 때문에 오히려 업무 효율이 떨어지지는 않을까요?

A : 직원들이 리포트를 꺼리는 이유는 경영자가 리포트상의 숫자(결과)에만 관심을 갖기 때문입니다. 리포트는 직원들을 감시하고 통제하기 위한 것이 아닙니다. 발전적인 피드백을 위해 리포트를 활용해야 합니다. 리포트의 목적이 직원들의 긍정적인 동기 부여에 있다는 점을 기억합시다.

영업은 통찰력이다_파이프라인 관리 및 성과 예측
Pipeline & Forecast

영업 파이프라인Sales Pipeline이란 영업 리드Sales Lead들을 효율적으로 관리하기 위해서 우선순위를 정해 관리하는 것을 말한다. 일반적으로 영업 프로세스를 영업 깔때기Sales Funnel라고 하는데, 깔때기로 유입된 영업 리드에 우선순위를 부여해 영업 관리를 하는 것을 영업 파이프라인 관리라고 한다.

파이프라인 관리

시중에 패키지나 클라우드 형태로 판매되는 고객관계관리Customer

Relationship Managemen, CRM 시스템을 이용하면 영업 파이프라인을 편리하게 관리할 수 있다. 사무실뿐만 아니라 외부에서 모바일로도 몇 번 클릭만 하면 실시간으로 리포트를 뽑을 수 있다. 영업 단계(리드)마다 시급한 정도, 중요도의 우선순위, 거래 금액 수준, 마케팅 소스 등 영업 관리에 필요한 거의 모든 정보를 담을 수 있으며, 이를 통해 모든 팀원들이 영업이 진행되는 상황을 공유할 수 있다.

과거에 경력이 풍부한 영업 담당자들은 자신의 고객 리스트나 영업 리드들을 회사나 조직과 공유하지 않고 독점하려 했다. 조직 차원에서의 고객 관리라는 개념조차 없었다. 영업 좀 한다는 사람의 개인 역량에만 의존했던 것이다.

그러나 이제 개인의 인적 네트워크나 경험치에 의존하는 영업의 시대는 끝났다. 고객은 구매 절차가 점점 복잡해지는 상황에서 판매자에게 다차원적인 도움을 받고 싶어 하지 영업 담당자 한 사람의 말만 믿고 구매하지 않는다. 판매자 입장에서도 한 곳의 고객(고객사)에 전방위적으로 대응하기 위해서는 관리자뿐만 아니라 타 부서의 담당자도 CRM이나 고객 관리 툴을 통해 실시간으로 진행 상황을 파악하고 있어야 한다. 무엇이든지 측정하고 공유하면 개선할 수 있다. 비즈니스 목표를 달성하기 위해 계획을 세우고 이를 실행하면서 나침반을 보고 따라가듯 영업 상황과 고객 상황을 실시간으로 확인하며 방향을 잡아야 한다. 앞으로 CRM 시스템의 중요성은 더욱 커질 것이다.

그런데 CRM 시스템을 사용할 수 없다면 어떻게 해야 할까? 이제 막 비즈니스를 시작한 상황이라면 이 문제로 크게 고민하지 않아도 된다. 직원 수가 50명 이하라면 굳이 돈을 들여 외부 CRM 시스템을 구축할 필요가 없다. 엑셀만으로도 충분하다. CRM의 데이터 관리 기준을 그대로 엑셀로 가져와서 적용하면 된다.

단, 파이프라인 리포트는 정밀하게 관리해야 한다. 모든 세일즈 활동은 표준화된 파이프라인으로 공유돼야 한다. 표준화 방식은 사내에서만 통하면 된다. 영업팀뿐만 아니라 타 부서와 협업할 때도 파이프라인 리포트를 중심으로 의사소통을 해야 오해와 오류가 없다. 아래 표에 임의의 파이프라인 리포트를 예시해놓았다.

처음 보는 사람의 눈에는 암호표처럼 보일 수도 있지만 알고 나면 누구나 쉽게 작성할 수 있으니 겁먹을 필요는 없다.

영업기회Opportunity, Opp#를 넘버링하고 해당 영업건을 가장 축약적

Opp#	Opp Name	Deal size (백만 원)	Win Probability(%)	Expected Close Date	Next Step
WL87832	OO은행 시스템 고도화 솔루션	40	20	02/23/18	확인 전화
WL87834	OO전자 총무업무 전산화	12	40	12/30/17	기술팀 PT 제안
WL87988	OO상사 CRM 구축	9	80	01/27/18	계약서 날인 요청
WL87989	OO사 DB 마이그레이션	65	60	03/30/18	추가자료 발송
Q2 Total		126			

▶엑셀로 작성한 파이프라인 리포트◀

으로 잘 표현할 수 있는 이름Opp Name을 붙인다. 그래야 영업 담당자가 영업팀장이나 타 부서와 협업 시 의사소통하기가 쉬워진다.

글로벌 기업의 경우 거의 모든 업무를 진행할 때 넘버링을 활용한다. 가령 고객이 문의 메일을 보내면 요청 사항을 처리하고 그냥 넘어가지 않는다. SR#Service Request Number를 발급한 후 이를 기록한 다음 고객에게 알려준다. 이렇게 하면 고객은 자신의 요구가 조직적으로 관리되고 있다는 인상을 받는다. 처리가 완료되면 담당 직원은 SR#를 종료하고 고객에게 종료 사실을 알린다. 그래야 빠짐없이 일을 처리할 수 있고 앞으로 고객이 비슷한 문제로 재문의할 경우 대응 기록을 볼 수 있다. 수많은 SR#를 특정한 기준으로 분류해 통계를 낸다면, 고객에게 발생하는 문제가 어떤 식으로 분포되는지도 파악할 수 있다.

다시 표로 돌아가보자. 다음으로는 해당 영업건의 거래액Deal size를 적고, 클로징 확률Win Probability를 적는다. 클로징 확률은 영업 담당자의 종합적인 판단으로 해당 거래가 몇 퍼센트 확률로 (예상 클로징 시기 내에) 클로징될 수 있을지를 나타내는 중요한 지표다.

이때 클로징 확률은 고객사의 내부 변수 및 외부 변수, 경쟁사와의 비교우위, 시장 상황 등을 종합적으로 고려해 결정한다. 일반적으로 20%, 40%, 60%, 80% 등 4단계로 표현한다. 20%는 생성된 지 얼마 되지 않은 고객의 관심 표명 정도의 딜, 40%는 고객이 관심을 보인 후 몇 차례 미팅을 요청하고 제품이나 서비스를 상당 부분 설명한 상태여서 조금 더 발전시키면 클로징할 가능성이 높은 상태,

60%는 구매 가능성이 높은 상태로 영업 담당자가 수주나 거래 성사를 확신하는 단계, 80%는 구매 가능성이 매우 높은 상태로 해당 분기 내에 수주 가능한 거래를 말한다. 클로징 확률을 좀 더 구체적으로 살펴보면 아래와 같은 기준으로 구분할 수 있다.

예상 클로징 시기Expected Close Date는 해당 영업기회가 클로징될 시기를 예상해 정확하게 기입한다. 예상치인데 어떻게 정확하게 기입할 수 있는지 궁금할 텐데 예측 능력이야말로 훌륭한 영업 담당자의 가장 중요한 자질이다. **클로징 시기를 정확하게 예측하는 것은 파이프라인 리포트에서 가장 중요한 부분이다.**

영업 초보들이 저지르기 쉬운 실수가 있다. 영업 초보들은 거래액의 크기Deal Size에만 관심을 갖는데 그래선 안 된다. 극단적으로 말하

Win Probability	영업 담당자의 진행 상황	고객이 보내는 신호
20%	고객 니즈를 구체적으로 파악 니즈에 매칭되는 솔루션 전달	고객사 컨택 허락 다음 미팅 스케줄 확정
40%	구매결정권자 파악 예산 및 구매 시기 파악 프레젠테이션(제안) 시기 파악	예산, 구매 시기를 구체적으로 언급 고객 담당자가 유관 부서 검토 요청 유관 부서에 프레젠테이션 진행
60%	Good/Better/Best 솔루션 제안 제품 시연 및 데모 제공 고객사 의사결정 구조 파악 고객사 법무팀, 재무팀 절차 파악	제안서 검토에 동의 솔루션 확정 시기 통보 솔루션에 대한 구체적인 질문 추가 자료 요청
80%	고객이 우리 제안서를 검증함 계약서 작성 및 발송 Kick-off 스케줄 논의	구두상으로 구매에 동의 계약서 수정 요청 Kick-off 스케줄 동의
100%	고객사 법무팀, 재무팀, 구매팀 승인 가격, 결제조건 확정 계약서 발행, PO 진행	고객사 법무팀 승인 계약서 날인 발주서 수령

▶클로징 확률의 구분◀

면 거래액이 큰 것보다는 거래액은 작아도 클로징 확률이 높은 영업 기회가 더 중요하다.

진행 예정Next Steps에는 다음에 취해야 할 영업 활동을 적는다. 거래 건수가 한두 건이라면 모를까 몇십 건만 되어도 업무를 처리하는 게 헷갈리기 시작한다. 영업을 하면서 이 고객과 저 고객을 혼동해 다른 말을 하는 것처럼 어리석은 일은 없다.

표에는 적지 않았지만 마케팅 소스 코드Marketing Source Code를 추가할 수도 있다. 마케팅 활동마다 각각 소스 코드를 부여하고, 해당 영업 기회는 어떤 마케팅 소스로부터 발생했는지 체크하는 것도 도움이 된다. 이를 통해 각각의 마케팅 활동을 중장기적으로 분석해 어떤 마케팅 소스가 가장 효율적이며 어떤 상황에서는 어떤 마케팅을 해야 하는지 학습할 수 있다.

성과 예측

성과 예측은 파이프라인 관리 엑셀 파일을 통해 특정 기간의 예상 매출을 산정하는 것을 말한다. 영업 담당자의 미덕은 목표를 숫자로 달성하는 데 있다. 과정이 아무리 좋아도 결과가 나오지 않으면 아무런 소용이 없다. 사회적 기업, 비영리기업도 조직을 유지하려면 수익을 내야 한다. 하물며 영리기업은 존속을 위해 반드시 매출 목표를 달성해야 한다.

영업 담당자가 분기별, 반기별 혹은 연간 영업 목표에 대비해 얼마만큼의 숫자를 달성하겠다고 약속하는 것을 성과 예측 확정 Commitment이라고 한다. 성과 예측 확정은 영업 담당자라면 가슴에 새겨야 할 단어다. 일반적인 영업 관련 서적을 보면 성공적인 영업을 위해서는 고객과 장기적인 관계를 구축해야 하며 고객의 성공을 위해 노력해야 한다고 말한다. 그러나 영업 담당자가 숫자를 채우지 못하면 생존할 수 없는 게 기업의 현실이다. 숫자가 채워져야 조직도, 회사도 유지될 수 있다. 시스템이 제대로 구축된 영업 조직은 연도별, 분기별 영업 플랜을 세우고 그 목표를 달성하는 데 최선을 다한다. 이때 성과 예측의 달성률을 예측할 수 있어야 경영진이 여기에 맞춰 계획을 수정하고 대책을 세울 수 있다.

하나 조언한다면, 성과 예측 확정을 할 때는 세 가지 정도의 대안을 만드는 게 좋다. 성과 예측을 정확히 해야 한다는 영업 담당자의 부담을 이로써 약간 덜 수 있다. 아래 표와 같이 최악의 영업 시나리오, 최상의 영업 시나리오를 고려하는 것도 하나의 방법이다.

최악의 성과 예측 확정 (Worst-case Commitment)	영업 상황이 최악의 시나리오로 치달을 때 채울 수 있는 최소의 영업 달성 예상액이다. 영업 담당자라면 항상 최악의 사나리오를 염두에 두어야 한다.
기본 성과 예측 확정 (Most-likely Commitment)	긍정적인 면과 부정적인 면을 종합적으로 살펴보고 달성할 확률이 가장 높은 예상치를 말한다. 기본 성과 예측 적중률이 높다면 회사에서 신뢰받는 영업 담당자로 자리매김할 수 있다.
최상의 성과 예측 확정 (Best-case Commitment)	예상 외의 거래가 이뤄져 최대치로 달성할 수 있는 성과 예측 숫자를 말한다.

영업은 습관이다_세일즈 리포트 작성 및 관리 방법
Sales Report

세일즈 리포트

세일즈 리포트란 비즈니스 조직의 목표를 달성하기 위해 영업 활동과 그 결과를 측정하고 기록하는 평가 보고서다. 기업의 리포트 체계가 곧 기업의 시스템이라 불릴 만큼 리포트는 매우 중요하다. 우리 회사는 아직 규모가 작아서 제대로 된 시스템이 없다는 이야기를 듣곤 하는데, 시스템은 대단하거나 특별한 게 아니다. 리포트 체계가 있느냐 없느냐는 차이라고 보면 된다.

리포트 체계가 있다고 해서 바로 시스템을 갖춘 회사가 된다는 뜻은 아니다. 그러나 시스템이 잘 갖춰진 기업은 리포트 또한 체계적이기 마련이다. 앞서 예를 들었듯, 고객의 불만 전화를 접수하는 것만 해도 단순히 빨리빨리 처리하는 것이 중요한 게 아니라, SR#를 발급해 꾸준히 관리하는 것이 중요하다.

리포트는 대시보드Dashboard 역할을 한다. 운전할 때 계기판을 보면서 속도를 살피고 기름 양도 체크하듯, 기업도 비즈니스 상황과 영업 활동을 꾸준하게 주시할 필요가 있다. 기름이 다 떨어져 빨간색 경고등이 들어오면 주유소로 가서 기름을 채워 넣어야 하듯, 영업 상황이 좋지 않으면 원인을 분석해 대안과 해결책을 모색해야 한다.

리포트는 기업의 나침반으로 비즈니스 상황을 한눈에 점검하는

데 유용하다. 목표를 향해 제대로 나아가고 있는지 아니면 전략을 수정해 다른 방향으로 가야 하는지 공개적으로 토론할 수 있어야 한다. 리포트를 활용하는 수준이 곧 그 기업의 수준을 나타낸다.

리포트를 보고했다면 반드시 그에 대한 평가가 이뤄져야 한다. 피드백 없는 리포트는 의미 없는 서류 작업에 불과하다. 직장인들이 리포트만 생각하면 인상을 찌푸리는 이유는 기업의 경영진이나 영업 매니저가 발전적 피드백 과정을 생략하기 때문이다.

직장인들이 제출한 리포트에 담긴 정보가 회사의 정확한 현황을 분석하는 기초 자료가 돼야 하고, 직원들은 리포트를 토대로 발전적인 피드백을 받을 수 있어야 한다. 그런데 아쉽게도 많은 기업들이 이 부분을 놓치고 있다. 거창한 사명이나 동기 부여를 위한 사내 학습을 구축하기 위해 고민하는 시간을 조금만 덜어 체계적이고 생산적인 리포트 피드백 체계를 갖춘다면 회사의 경쟁력이 한층 올라간다.

단, 여기서 주의해야 할 점이 있다. 발전적인 피드백이란 말을 마치 모든 영업 진행건에 대해 영업 매니저가 정답을 제시해야 하는 것이라고 착각하지 말자. 영업 매니저라고 해서 모든 문제에 답할 순 없다. 영업 매니저마다 성격과 능력, 업무 처리 방식이 모두 다른 법이다. 제아무리 경험이 풍부한 영업 매니저라도 모든 영업 상황에서 성과를 낼 수는 없다. 훌륭한 영업 매니저는 팀원의 세일즈 리포트를 검토한 후에 팀원 스스로 해결책을 찾을 수 있도록 동기를 부여하고 기회를 제공하는 리더다.

그럼 어떻게 해야 할까? 세일즈 리포트를 팀원과 함께 보면서 질문을 많이 해야 한다. 결과가 예상보다 좋지 않은 이유는 무엇인가? 결과를 개선시키기 위해 어떤 영업 활동이 필요한가? 고객이 어떤 반응을 보이면서 거절했는가? 사내의 어떤 병목 현상이 영업 활동을 방해했는가? 등을 질문하면 된다. 정답을 미리 정해놓지 말고 말이다. 함정 질문으로 팀원을 곤란하게 하거나 개인적인 감정을 드러내지 말고, 오로지 영업이 잘되게 하려면 어떻게 해야 할지에 대해서만 함께 고민하자.

영업 결과, 영업 활동

회사에 따라 세일즈 리포트에 다양한 항목을 추가해 시장에 대한 자료를 축적할 수 있다. 다만 기본적으로 꼭 포함되어야 하는 것이 두 가지 있다. 영업 결과Sales Results와 영업 활동Sales Activities이 그것이다.

간혹 영업 결과만으로 리포트를 구성하려는 경우를 본다. 그러나 과정을 반드시 살펴야 한다. 과정에 해당하는 것이 바로 영업 활동이다.

영업 담당자가 유입되는 리드에 어떻게 접촉했는지, 홈페이지로 들어온 잠재고객의 행동 패턴을 보고 어떤 행동을 취했는지, 인바운드로 유입된 전화에 어떻게 대응했는지, 모든 영업 활동을 주간 단위로, 월간 단위 등 정량적으로 얼마만큼 했는지 평가한다.

이런 것들을 확인하지 않으면 지금 진행하고 있는 마케팅과 영업 활동을 구체적으로 점검할 수 없다. 영업 담당자는 어떤 마케팅 소스가 어떤 영업 활동을 통해 얼마만큼의 영업 결과를 가져다줬는지 정밀하게 파악해야 한다. 훌륭한 세일즈 리포트가 갖춰야 할 사항을 아래 정리해놓았다.

확인 사항	가능 여부(O,X)
어떤 거래처가 얼마나 구입할 것인지 예상할 수 있는가?	
어떤 고객이 얼마나 구입할 것인지 예상할 수 있는가?	
영업 담당자가 얼마나 많은 고객을 방문하는지 알 수 있는가?	
리드는 어떤 마케팅 소스로 유입되는지 알 수 있는가?	
리드에 대해 어떤 영업활동을 취하고 있는지 알 수 있는가?	
언제까지 얼마만큼의 매출, 마진이 발생할지 알 수 있는가?	
특정 기간에 대한 성과 예측을 정확하게 할 수 있는가?	
영업 단계별 전환율을 알 수 있는가?	
매주 영업 기회에 대한 토론을 하고 있는가?	
매주 영업 기회에 대한 동기 부여가 되고 있는가?	

세일즈 리포트가 영업 마인드를 바꾼다

앞에서 리포트의 기능, 목적, 구성 요소 등을 알아보았다. 그런데 리포트는 또 하나 강력한 기능을 가지고 있다. 리포트는 그 존재 자체만으로도 팀원들에게 엄청난 영향을 끼친다.

팀원들에게 일주일에 한 번 정기적으로 리포트를 제출하라고 하면 아무리 사소한 리포트라도 팀원들은 그것이 지향하는 방향에 따라 모든 말과 행동을 맞추게 된다. 따라서 보고 체계가 잘 갖춰져야 한다. **리포트에 따라 직원들의 사고 체계가 바뀐다.** 그 자체로는 어떠한 강제력이 없더라도 리포트는 매우 능동적인 작용을 한다. 아무리 영혼 없이 리포트를 작성하는 직원이라도 한두 번은 몰라도 매번 거짓으로 리포트를 채울 수는 없다. 깊이 생각하지 않으면 지난주와 똑같은 내용을 보고하게 된다. 때문에 팀장과 팀원들은 수시로 의사소통을 해서 사업 계획과 철학을 동기화하고 조정해야 한다.

원천 데이터의 중요성

원천 데이터Raw Data는 측정 가능한 최소 단위의 데이터를 말한다. 리포트는 원천 데이터의 집합이기도 하고 추출물이기도 하다. 원천 데이터의 기준은 측정하기 전에 정해져야 한다. 그래야 측정할 때 그 기준에 따라 기록할 수 있다.

고객을 기록할 때 남녀를 구분할 것인지, 거래처를 기록할 때 대기업과 중소기업을 구분할 것인지, 마케팅 소스를 인바운드와 아웃바운드로 구분할 것인지 정해야 하는데, 이는 쉬운 결정이 아니다. 너무 자세히 기록하면 효율성이 떨어질 수 있기 때문에 적절한 수준에서 타협해야 한다.

예를 들어, 어느 기업에서 마케팅 소스를 인바운드냐 아웃바운드냐로만 구분해서 관리해왔다고 가정하자. 그런데 나중에 여러 인바운드 소스(전화, 이메일, 팩스, 웹사이트, 채팅, 카카오톡 등)에서 소스에 따른 유의미한 차이점을 발견했다. 이 경우 애초에 그것들을 구분해서 기록했다면 좋았을 것이다. 원천 데이터 기준을 세워본 경험이 없다면 시중에 패키지로 나와 있는 CRM의 기준을 차용하는 것도 좋다.

앞서 훌륭한 영업 담당자는 리포트를 보고 받아 비즈니스의 지표로 삼고 적절한 피드백을 주어야 한다고 했다. 여기에 하나 더 덧붙인다면 원천 데이터를 통해 패턴과 흐름을 파악해야 한다. 예를 들어, 영업 프로세스 단계 중 전환율이 낮은 부분이 있다면 그런 모습이 나타난 원인과 개선책을 찾아야 한다.

원천 데이터에서 흐름을 파악하기 위해서는 무엇보다 원천 데이터가 정확해야 한다. 거짓이 없어야 하고 명확해야 한다. 날 것 그대로여야 한다. 선입견이나 평가가 들어가선 안 된다.

대표적인 CRM, 세일즈포스닷컴

세일즈포스닷컴Salesforce.com은 현존하는 가장 유명한 CRM 응용 프로그램이다. 세일즈포스닷컴이 나오기 이전에도 CRM 툴이 있었지만 패키지 형태로 판매되는 데다 가격이 비싸서 주로 글로벌 기업 위주로 사용됐다.

세일즈포스닷컴은 SaaSSoftware as a Service 기반 CRM이라는 기치를 내걸고 클라우드 과금 방식을 택했다. 따라서 초기 투자비용을 많이 들이지 않아도 사용 가능하다는 장점이 있다. 다섯 명 이하의 클라우드 플랜을 선택하면 1인당 월 3만 원 정도로 이용 가능하다.

세일즈포즈닷컴이 CRM의 표준처럼 사용되고 있기 때문에 이를 간단히 소개하고 넘어가겠다. 세일즈포스닷컴에서는 어떠한 요소들에 주목해 영업 파이프라인 및 성과 예측을 관리하는지 알아보자.

기본 구성 요소

세일즈포스닷컴 홈페이지에서 시험판을 설치할 수 있다. 한두 번씩 입력하며 가이드를 따라 하다 보면 금방 익힐 수 있을 것이다.

세일즈포스닷컴 홈페이지는 매우 직관적으로 구성되어 있다. 리드Leads, 어카운드Accounts, 고객Contacts, 영업기회Opportunities, 성과 예측 Forecasts, 제품Products, 솔루션Solutions, 리포트Reports, 대시보드Dashboards 등의 메뉴로 구성되어 있는데, 각 메뉴의 탭을 누르면 해당 메뉴의 내용을 볼 수 있고 편집할 수도 있다.

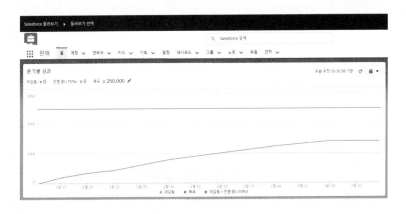

▶세일즈포스닷컴 홈페이지◀

- **계정(Accounts)** : 회사나 조직을 말한다. 어카운트 세일즈 매니저 Account Sales Manager는 어카운트를 전담해 지속적인 비즈니스를 만 드는 직책이다.

- **연락처(Contacts)** : 영업 담당자가 커뮤니케이션하고 대응하는 거 래처의 컨택 포인트Contact Point, 즉 잠재고객을 말한다. 한 개의 어카운트에는 복수 명의 잠재고객이 있을 수 있다.

- **리드(Leads)** : 여러 마케팅 활동이나 기존 고객의 재구매 내지 추천 등으로 만들어진 영업건수다. 영업 담당자가 이를 잘 관리하면 이는 영업기회Opportunies로 전환될 가능성이 있다. 경우에 따라서 영업 기회를 가진 사람(고객)을 의미하기도 한다.

- **기회(Opportunities)** : 리드를 발굴한 후에 실제로 클로징 될 가능성이 높아 리드로부터 전환된 영업 기회를 말한다. 리드 평가를 통해 20%, 40%, 60%, 80% 등의 클로징 가능성Probability으로 분류한다.

- **일정(Calendar)** : 고객과의 관계를 최우선시하는 CRM의 특성상, 일정 관리는 매우 중요하다. Opportunities, Leads, Accounts, 그리고 Contacts에 따른 각각의 일정을 전반적으로 체크하고 공유한다.

- **대시보드(Dashboards)** : 리포트나 활동 기록을 숫자로만 표현하지 않고 다양한 그래프 등으로도 보여준다. 현재 매출 현황, 마케팅 전환율, 세일즈 파이프라인 현황 등 세일즈포스닷컴상의 거의 모든 데이터를 인포그래픽 형태로 보여주기 때문에, 영업 담당자가 세일즈 현황을 한눈에 파악할 수 있다.

- **그룹(Group)** : 구성원들의 집단을 그룹이라고 한다. 하나의 그룹

은 개인 혹은 다른 그룹으로 구성된다. 조직 내에서 어떤 특정한 팀을 그룹을 지정하면 그 팀 내에서는 현재 파이프라인이나 고객 정보를 항시적으로 공유할 수 있다.

- **노트/파일(Notes / Files)** : 세일즈포스 닷컴은 CRM의 기본 기능을 넘어 기업용 사내 커뮤니케이션 기능도 수행한다. 하나의 시스템에서 모든 관련 업무를 할 수 있어야 직원들의 효율성이 높아지기 때문이다. 별도의 메모장을 갖추지 않아도 모든 업무 관련 메모를 할 수 있다.

- **견적(Quotes)** : 영업 담당자는 고객이 원할 때 신속하게 견적서를 발행할 수 있어야 한다. 세일즈포스닷컴에선 PDF 형식이나 이메일로 자유롭게 견적서를 보낼 수 있다. 또한 모든 견적서는 만료일이 있으며 시기에 따라 가격이 변하게 마련인데, 이는 매우 정밀하게 모니터링되어야 한다. 따라서 견적서에 관한 메뉴를 별도로 구성했다.

회사 사정상 CRM 프로그램을 바로 도입할 수 없다면 세일즈포스닷컴의 체계를 참고해 우리 회사만의 툴을 만들 것을 추천한다. 엑셀로도 충분히 만들 수 있다.

3장

STEP 2

고객 발견

찾지 마라. 찾아오게 하라

I Still Haven't Found What I'm Looking For

— U2

01

—

고객 설정의 시대에서
고객 발견의 시대로

Q : 고객은 어떻게 찾아야 하나요?

A : 고객 스스로 찾아오도록 해야 합니다. 이를 위해선 언제나 항상 고객들과 연결되어 있어야 합니다. 회사의 브랜드, 제품에 대한 양질의 콘텐츠를 다양한 채널로 지속적으로 공급해야 합니다. 해당 산업 분야에서 전문가가 되면 가장 좋겠지요. 그 과정에서 영업 깔때기 모델의 단계별로 고객을 발견할 수 있을 겁니다. 이렇게 고객을 발견하고 영업하는 디지털 영업Digital Sales이 무엇보다 중요합니다.

디지털 영업, 문법이 바뀌었다

최근 들어 영업과 마케팅의 개념이 정말 많이 변하고 있다. 마케팅 관점이 판매자 중심인 4P상품Product, 가격Price, 유통Placement, 촉진Promotion에서 소비자 중심인 4C소비자Consumer, 비용Cost, 편의Convenience, 커뮤니케이션Communication로 변한 것이 벌써 20년 전쯤이다.

필립 코틀러는 《마켓 4.0》에서 초연결성Hyper-Connectivity을 강조했다. 시장은 제품 중심(마켓 1.0)에서 고객 중심(마켓 2.0), 인간 중심(마켓 3.0)으로 변화해왔다. 마켓 4.0 시대에 우리 모두는 언제 어디서든 디지털로 연결되는 '초연결자'라는 것이 코틀러의 주장이다.

넷플릭스, 스포티파이, 페이스북, 우버, 에어비앤비 등 잘 보면 이들 기업은 연결의 무한확장 혹은 연결의 재해석으로 골리앗이 됐다. 그러나 여전히 대다수의 기업들이 대중을 상대로 자사 제품을 일방향으로 판매하는 관습에 젖어 있다.

대중이라는 말부터 머릿속에서 지우자. 대중은 개개의 사람들을 하나의 덩어리로 보는 단어인데, 이런 관점으로 영업에 접근하면 성과를 내기 힘들다. 한 사람의 마음조차 하나로 규정하긴 어렵다. 자신의 마음조차 제대로 파악하기 어려운데, 여러 사람의 소비자 행동을 하나의 패턴으로 규정하기란 불가능에 가까운 일이다.

그렇다면 어떻게 해야 소비자와 연결될 수 있을까? 해답은 이야기에 있다. 억지로 지어내지 않은 우리 브랜드와 제품만의 이야기 말이다. 매력적인 사람은 누구를 만나든 오래도록 대화를 나눌 수 있다. 여기서 요점은 독특한 매력이다. 매력은 호감은 물론 신뢰마저 높여준다.

과거처럼 한방에 큰 이윤을 남기고 빠지는 식의 영업은 더 이상 통하지 않는다. 기업은 블로그, SNS, 팟캐스트, 유튜브 등 다양한 채널로 소비자들과 항상 소통해야 한다. 홈페이지에 접속했을 때 편안하고 안락한 느낌이 들고, 절로 눈이 동그랗게 떠지는 매력적인 콘텐츠가 기다리고 있어야 한다. 사람들의 관심을 끄는 동영상 미디어 클립도 주기적으로 제공해야 한다.

챙겨야 할 온라인 채널은 많다. 페이스북, 인스타그램, 트위터, 카카오스토리, 핀터레스트. 이에 더해 우리나라에서 아직 대중화되지 않은 소셜미디어 채널도 많다. 소비자들이 다양한 채널에서 그들의 니즈와 구매 의도를 시도 때도 없이 표시하고 있기 때문에 어느 것 하나 소홀히 할 수 없다. 기업은 고객이 보내는 작은 힌트도 놓치지 않기 위해 다양한 채널로 들어오는 소비자들의 반응을 시스템적으로 체크하고 관리해야 한다.

지난 10년 동안 세일즈는 어떻게 변해왔나

직무 이야기를 한번 해보자. 영업 직무는 그 형태가 많이 변해왔다. 20년 전쯤 외국 벤더Vendor에서 근무했던 영업 담당자들은 당시를 회상하며 한마디씩 탄식한다. '아, 그때가 참 좋았지…….'

당시에는 총판이나 대리점 직원들이 제품을 받기 위해 벤더 앞에서 줄을 서서 기다려도 물건을 못 받고 허탕 치고 돌아가기 일쑤였다. 제품이 너무 잘 팔려서 물건을 들여놓자마자 품절될 정도였다. 지금은 상상도 할 수 없지만 영업 담당자가 낮술을 마시러 가도 회사는 잘만 돌아갔다. 외국 기업의 기술력이 우리나라 기업보다 좋던 시절이라 외국 벤더는 땅 짚고 헤엄치는 격이었다.

이런 환경 때문인지 당시에는 채널 세일즈의 인기가 높았다. 마진이 좋았기 때문에 벤더에서 최종 고객End User에게까지 물건이 전달되려면 수많은 파트너들Tier를 거쳐야 했다. 내가 한때 몸담았던 벤더의 경우, 최종 고객에 이르기까지 무려 여섯 곳의 업체를 거쳐야 하나의 거래가 완료되는 제품도 있었다. 한 파트너당 최소 5~10%의 마진을 남겼다면 얼마나 많이 남는 장사를 했는지 짐작할 수 있다.

그러나 '아름다운' 시절은 끝났다. 저성장이 고착화되고, 국내 기업들의 경쟁력이 높아지면서 외국 벤더의 경쟁력은 떨어졌다. 경쟁이 치열해지자 당연히 마진이 박해졌고, 채널 세일즈의 영역도 줄어들었다. 대신 전통적인 영업 직무인 필드 세일즈에 무게가 실리기 시작했다. 확성기에 대고 몇 마디 홍보 메시지만 날려도 팔리던 제품이 더 이상 팔리지 않았다. 말 그대로 발바닥에 땀나도록 뛰어다녀야 했다. 우리가 소위 '영업하러 다닌다'고 말하는 것은 필드 세일즈를 가리키는 것이다.

필드 영업자의 기본적인 덕목은 성실과 인내다. 다수의 고객을 성실히 만나서 끈기 있게 설득해야 했다. 비가 오나 눈이 오나, 아플 때나 슬플 때나 개인적인 상황과 감정은 접어두고 일단 고객을 만나야 했다. 온라인과 원격 지원, 인공지능 기술이 본격적으로 영업에 접목되더라도 필드 세일즈의 중요성은 약화되지 않을 것이다. 온라인에 엄청난 양의 정보와 큐레이션이 있을지라도 인간은 여전히 지인 추천을 신뢰하며 서로 관계 맺기를 좋아하기 때문이다.

그렇다고 해서 필드 세일즈가 앞으로도 계속 성실히 인내하며 고객의 문을 두드리는 방식으로 진행될 것이라는 뜻은 아니다. 영업 분야에도 이미 IT와 네트워크 기술이 접목되고 있다. 특히 고객의 니즈가 다양해지면서 맞춤 공략과 고객 유지의 중요성이 커지고 있다. 기업 내에 축적된 대량의 데이터를 활용한 데이터베이스 마케팅이 대세가 되고 있다. 데이터베이스 마케팅은 고객과 개별적인 관계를 유지하는 일대일 마케팅, 관계 마케팅으로 진화했다. 영업 담당자라면 입버릇처럼 읊고 다니는 CRM은 이런 배경에서 탄생했다.

CRM은 IT 인프라를 기반으로 고객 데이터를 세분화해 신규 고객 발견, 핵심 고객 유지 등 평생 고객 가치를 관리하는 것을 목표로 한다. 이를 위해 DMDirect Mailing, TMTele-Marketing 등의 영업을 담당한 직무가 인사이드 세일즈Inside Sales다. 인사이드 세일즈는 잠재고객의 정보를 수집하고 이들의 관심을 이끌어내기 위해 아웃바운드 콜드 콜Outbound Cold Call이나 E-DM을 활용한다.

지금까지 언급한 채널 세일즈, 필드 세일즈, 인사이드 세일즈는 영업의 핵심이자 기본 직무였다. 영업 담당자들은 이런 직무에 종사하면서 다수의 고객을 상대로 대단위 영업 활동을 함으로써 성과를 거둘 수 있었다. 그런데 산업이 발전하면서 기업 규모가 커지고 하나의 기업 내에서 다양한 니즈가 생겨나면서 단순한 영업 행위를 반복하는 것만으로는 고객을 만족시킬 수 없게 됐다.

이제는 고객사에 더욱 밀착해 고객사의 직원처럼 일하는 영업이 필요하게 됐다. 그 결과, 어카운트 세일즈Account Sales, 테러토리 세일즈Territory Sales라는 직무가 탄생했다. 이들은 말 그대로 해당 어카운트(고객, 고객사)만을 전담한다.

큰 고객사일수록 수요가 풍부해 끊임없이 새로운 사업이 발생한다. 큰 회사는 직원의 부서 이동이나 입, 퇴사가 잦다. 따라서 이들의 재구매Repeat Order를 관리하고 새로운 수요를 창출하는 기존 고객 관리가 어느 때보다 중요해졌다.

어카운트 세일즈, 테러토리 세일즈 담당자들은 해당 산업 분야에 대한 풍부한 지식과 경험을 바탕으로 비즈니스 플랜을 짠다. 이는 고객사와 본사 간에 장기적인 관계를 구축해야 가능한 중요한 업무다. 이 두 가지를 구분하는 데는 모호한 부분이 있지만 어카운트 세일즈가 주로 특정 산업별, 고객별로 구분되는 반면에 테러토리 세일즈는 특정한 지역을 맡아 영업 행위를 수행하는 역할을 일컫는다.

디지털 세일즈 매니저란?

이처럼 시대의 흐름에 맞게 영업의 형태와 직무도 변해왔다. 그렇다면 이제는 어떤 영업이 필요한 시대일까?

마케팅 4.0의 시대에는 온라인과 오프라인 세상을 넘나드는 소심한 고객들을 발굴해 소통하는 영업이 필요하다. 우리는 이를 '디지털 세일즈Digital Sales 매니저'라고 부른다.

디지털 세일즈 매니저는 제품에 대한 콘텐츠와 스토리텔링을 스스로 제작해 퍼트리는 직군이다. 스타트업의 영업자라면 스스로 디지털 세일즈 매니저라고 생각하는 편이 좋다.

디지털 세일즈 매니저는 소비자의 구매 프로세스를 이해하고 단계별로 어떠한 마케팅 및 영업 전략을 구사할지 끊임없이 연구해야 한다. 디지털 마케팅 툴을 사용해 잠재고객들이 어떤 경로로 우리 채널을 방문하는지, 방문해서는 어떤 행동을 하는지 파악해야 한다. 이런 측정과 분석은 디지털 세일즈 매니저의 기본 역량이다.

콘텐츠를 생산하고, 스토리텔링을 개발하고, 온오프라인 채널을 관리하는 것은 디지털 세일즈 매니저의 몫이다. 이쯤 되면 영업과 마케팅의 역할이 모호하다는 생각이 들 것이다. 디지털 영업 시대에는 마케팅과 영업 담당자의 구분이 없어진다. 통합적인 마케팅 업무를 수행하면서도 비즈니스 플랜과 정책을 잠재고객에게 즉각 설명할 수 있어야 한다.

마케팅과 영업의 평가 기준도 달라져야 한다. 바이럴 마케팅 담당자가 노출 수와 댓글 수만 핵심 성과지표로 생각한다면 이는 너무 안이한 태도다. 마케팅 출신이라면 영업 스킬을 배워야 하고, 영업 출신이라면 디지털 마케팅 개념을 익혀야 한다.

기업 차원에서 소셜미디어 계정을 관리하는 것도 생각해봐야 할 문제다. 기업의 SNS 계정을 가급적 많은 직원들이 함께 관리하는 문제도 열린 마음으로 검토해야 한다. 가령 페이스북 계정 관리자는 일반적으로 마케팅 담당자 한 명이 담당하는(최소한 한 명이 소통 창구 역할을 하는) 데 과연 꼭 그럴 필요가 있을까? 혼자서는 주기적으로 콘텐츠를 창작하는 것은 버거운 일이다. 반응 속도가 느려서 고객의 질문에 적절히 대응하지 못하는 경우도 많다.

회사 공식 계정을 여러 사람이 관리할 경우 정제되지 않은 메시지나 내용이 공개될까 봐 걱정하는 경우가 있는데, 이는 기업의 철학이 덜 다듬어졌거나 구성원들 사이에 공유되지 않아서 일어나는 문제는 아닐까? 생명력 있는 영업, 마케팅 메시지를 전사적으로 공유하고 모든 직원이 '바이럴 인플루언서Viral Influencer'로서 보다 풍성한 이야기를 하는 것이 바람직하다.

　한 가지 좋은 소식은 디지털 시대는 작고 빠른 기업이 유리하다는 점이다. 규모가 작다고, 자원이 부족하다고 '쫄' 필요 없다. 규모보다는 자신감과 속도가 중요한 시대가 됐다. 적극적으로 디지털 미디어를 영업 툴로 활용하자. 방황하는 소비자들이 직접 찾아오게 만들자.

다양한 영업 직무들

BDC(Business Development Consultant)

BDC는 잠재고객의 관심을 이끌어낼 적극적인 아웃바운드 콜드 콜, E-DM 발송, 마케팅 이벤트를 수행한다. 회사의 마케팅 방향과 정책을 항상 숙지하고 신제품이 출시될 때 적극적으로 기존 고객, 잠재고객에게 알리는 역할을 한다.

기존 마케팅 업무와 유사한 부분이 있지만, 마케팅이 불특정 다수를 대상으로 한다면 BDC는 영업 부서에서 관리하는 기존 고객이나 잠재고객을 목표로 한다는 점에서 다르다. 이를 위해 고객과 지속적인 관계를 유지하면서 신규 고객과는 영업 초기 단계의 공감대를 형성해 관심을 이끌어내는 것이 중요하다.

ISR(Inside Sales Representative)

ISR은 회사 내부에서 전화, 이메일 등의 수단으로 영업을 수행한다. 요즘 고객들은 영업사원과 직접 대면접촉하기보다는 인터넷으로 정보를 습득하고 웹 반응형 커뮤니케이션, 이메일, 전화로 상품 문의를 하는 것을 선호하는 경향이 있다. 이처럼 비대면 영업 활동이 늘어나면서 기업마다 이에 적극 대응하기 위해서 ISR 조직을 만들고 있다.

ISR은 BDC와 뒤에 소개할 FSR의 중간쯤 되는 역할을 수행한다. 영업 리드 평가, 영업 파이프라인 관리, 구매 기록 및 대화 히스토리 등 고객 DB 관리 등의 업무를 한다. BDC와 함께 앞으로 디지털 세일즈 매니저의 역할을 수행하기에 적합한 직무다.

FSR(Field Sales Representative)

FSR은 회사를 대표해 기존 고객, 잠재고객과 직접 대면접촉하여 영업 행위를 한다. FSR은 업무의 특성상 ISR과 매우 긴밀하게 협력해야 하는데, 영업 조직의 규모에 따라 일대일 또는 일ISR 대 다FSR의 형태로 구성된다.

직무명에서 암시되듯 FSR은 '현장'에서 뛰는 직책이지만, 현장이 꼭 '밖'을 의미하는 것은 아니다. FSR은 영업 전반을 책임지는 직책으로, 회사 내부에서 굉장히 많은 사무 업무를 담당한다. 다양한 환경과 고객을 직접 대면하면서 그들의 니즈를 정확하게 파악해 신속히 피드백을 줘야 한다. 항상 고객의 상황을 예의주시하고 고객사에 대해 당사자보다 더 많은 정보를 알아야 한다. 출장과 외근은 FSR의 숙명이다.

Account Sales Manager

특정 고객사Account를 맡아 영업을 한다. 일반적으로 산업별로 구분해서 담당 고객사를 정한다. 대부분 재구매가 발생하는 B2B 거래가 주요 업무로, 해당 산업 전반에 대한 지식이 풍부해야 한다.

풍부한 지식과 경험을 바탕으로 고객사와 본사 간에 상호 균형 있는 가치를 공유하고, 장기적인 협력 관계가 구축되도록 노력해야 한다. 이를 위해서는 본사의 영업 목표뿐만 아니라, 고객사의 목표와 비전, 내 · 외부 환경 변화에도 밝아야 한다.

Territory Sales Manager

Account Sales Manager가 특정 산업별, 고객별로 구분된다면 Territory Sales Manager는 특정 지역을 맡아 영업을 한다. 일반적으로 Territory Sales Manager가 Account Sales Manager보다 상위 직급인 경우가 많다. 우리가 흔히 말하는 매니저 직급은 여기서부터 해당된다. Account Sales Manager는 BDC, ISR, FSR 및 Account Sales Manager로 구성된 영업 조직을 관리하며, 이들이 유기적으로 협업할 수 있도록 지원한다. 영업 조직이 작아서 고객의 지리적 구분이나 고객사별 구분이 무의미할 경우에는 Account Sales Manager와 구분 없이 쓰이기도 한다.

Area Sales Manager

전국 단위의 영업 관리를 하는 영업 매니저로, 쉽게 말해 관리직이라고 보면 된다. 우리나라의 경우에는 서울 · 수도권 지역, 중부 지역, 남부 지역 등 주로 시 · 도 단위로 구분된다. 해당 지역에 발생하는 거의 모든 비즈니스 업무를 책임진다. 영업 조직이 작은 회사나 글로벌 기업의 한국지사인 경우에는 한국 전체 담당자를 통칭하기도 한다.

KAM(Key Account Manager)

KAM은 전사 차원에서 핵심적으로 관리해야 하는 고객(사)을 별도로 담당한다. B2B 스타트업의 경우, 소수의 고객사가 회사 전체 매출의 상당 부분을 차지하기도 하는데, 이런 고객사에서는 소위 '빅딜'이 나오는 경우가 많다. 이런 고객사는 당연히 다른 고객사와 다르게 특별 관리해야 한다. 주요 고객은 기업 규모가 굉장히 크고 상대측 담당자가 높은 직급인 경우가 많다. 우리 쪽 또한 경험이 풍부한 임원급이 KAM을 담당해야 한다.

Channel Sales Manager

FSR이 직접 영업Direct Sales의 전형이라면, Channel Sales Manager는 간접 영업Indirect Sales의 전형이다. 고객에는 여러 종류가 있는데, 최종 고객만 있는 것이 아니라 유통 단계별로 각각의 고객이 존재한다. 하드웨어 기업의 경우, 각각의 유통 단계, 즉 제조사-총판-대리점으로 고객이 나뉘며, 소프트웨어 기업은 중간의 각 채널에서 벤더의 패키지 소프트웨어를 활용해 본인들 고유의 솔루션을 붙여 부가가치를 더해 판매하는 경우도 있다. 각각의 채널에서 솔루션의 부가가치를 붙일 경우에 채널 세일즈는 이러한 종합적인 솔루션을 명확하게 이해하고 해당 산업에 관한 풍부한 지식을 적극 활용해야 한다.

흔히 채널 세일즈를 도매 유통이라고 생각하는데, 이는 잘못된 표현이다. Channel Sales Manage는 솔루션 제공자 역할을 수행하기 때문에 경험이 풍부한 영업 담당자가 맡아야 한다.

스토리텔링만한 마케팅은 없다

정보를 얻을 수 있는 채널이 다양해지면서 소비자들은 점점 더 영리해지고 있다. 전시회, 로드쇼, 광고, 아웃바운드 영업으로 잠재고객을 발굴하던 시대에서 세련되고 매력 있는 정보와 콘텐츠로 잠재고객을 유인하는 시대로 변하고 있다.

고객들은 더 이상 영업 담당자의 전화, 이메일을 확인하려 들지 않는다. 대신 검색을 통해 자신이 원하는 정보를 직접 수집한다. 이런 상황에서 영업 담당자는 소비자가 구매라는 여행을 떠나는 첫 여정에 최대한 정성을 쏟아야 한다.

여기서 말하는 첫 여정이란 제품을 인식하고 탐색하고 고려하는 단계를 말한다. 고객은 과거에 비해 이 과정을 매우 능동적이며 즐겁게 받아들인다. 탐색 과정에서 누군가 도우려 하면 오히려 자신의 능동적인 의사결정을 방해 받았다고 여긴다.

앞에서도 잠깐 설명했듯 요즘 고객들은 대면보다는 비대면을, 전화보다는 문자를 선호한다. 심지어 영업사원들도 그렇다. 이에 대한 내 경험을 소개한다.

회사에서 업무를 처리하고 있는데 신입사원이 급히 서류를 받아야 한다며 퀵 서비스를 불렀다. 그런데 주소가 도로명 방식으로 바뀌어 퀵 기사가 배달 위치를 찾지 못하고 헤매는 것 같았다. 종종 일어나는 일이라 대수롭지 않게 생각했다. 골목 위치와 건물의 이정표를 잘 설명하면 쉽게 해결될 문제였다.

그런데 서류를 받아야 하는 직원은 퀵 기사에게 전화를 하지 않고 굳이 문자를 보냈다. 전화로 몇 마디 하면 해결될 텐데 구태여 문자로 의사소통하려는 것을 보며 나는 적지 않은 문화적 충격을 받았다. 간신히 도착한 퀵 기사의 표정은 황당함과 짜증으로 가득 차 있었다.

그 직원의 특수한 사례일 뿐 일반적인 경우는 아니라고 반박할 수도 있지만, 가만히 돌이켜보면 우리는 이런 일처리 방식에 익숙해져 있다. 회사 내에서도 슬랙Slack이나 잔디Jandi 등 메신저로 의사소통을 하고 구두로 자신의 의사를 전달하는 건 심각한 일이 있을 때나 하는 경향도 있다.

고객은 영업사원과의 접촉을 꺼리고 온라인이나 모바일 환경을 선호한다. 잠재고객은 정보를 탐색하기 위해 온라인을 배회한다. 급히 찾는 제품이나 서비스가 있다면 검색 엔진을 통해서 적극적으로 찾고, 특별히 찾는 것이 없더라도 가끔씩 인터넷 쇼핑몰에 접속해 이런저런 물건들을 보고는 '월급 타면 사야지'라고 생각한다.

이런 고객이 우리 기업의 웹사이트에 들어왔는데 어느 곳에서나 볼 수 있는 평범한 내용만 있다면 즉시 다른 곳으로 눈길을 돌릴 것이다. 잠재고객이 일단 홈페이지에 접속하면 바로 그 순간 만족스러운 경험을 줄 수 있어야 한다.

단순히 몇 년도에 회사를 설립하고, 몇 년도에 어떤 대기업과 제휴하고, 우리 제품과 서비스가 어떤 장점이 있는지 같은 정보에 눈길을 줄 고객은 많지 않다. 이제는 정보도 스토리텔링과 연결시켜야 한다. 예를 들어, 창업자는 어떤 연유로 비즈니스를 시작했고, 지금은 어떤 비전을 실현하기 위해 노력하고 있는지 이야기해야 한다.

너무 앞서 나간 이야기 아니냐고? 아니다. '퇴사학교'의 사례를 살펴보자. 퇴사학교는 진정한 나를 탐색하고 현실적인 대안을 찾는 것을 도와주는 연대와 교류를 기반으로 한 자기계발을 목표로 하는 교육 스타트업이다. 퇴사학교는 대기업이나 투자자의 조력 없이도 훌륭히 자생하고 있는데 그 힘은 대체 어디서 나오는 것일까?

퇴사학교의 창업자 장수한 대표는 대기업에서 일하다가 조직 생활에 회의를 느끼고 무작정 퇴사를 감행했다. 그러나 준비 없는 퇴사 후 실패를 거듭한 끝에, 결국 자기 자신을 제대로 알고 탐색하는 과정이 선행되어야 함을 깨달았다. 그때부터 '퇴사 추억'이라는 글을 자신의 블로그에 싣기 시작했는데, 이 글들이 큰 인기를 모았다. 이 글을 읽은 독자가 100만 명을 넘어서면서 책을 내고 각종 언론과 미디어에도 출연하게 됐다.

자신의 경험에서 나온 이야기가 대중의 관심과 공감을 끌어내는 것을 본 장수한 대표는 퇴사를 준비하는 이들을 위한 교육 사업과 연계했다. 이런 과정이 퇴사학교 홈페이지에 고스란히 스토리텔링되어 있다. 경쟁이 치열한 교육업계에서 창업자의 스토리가 퇴사학교를 돋보이게 하는 힘이 된 것이다. 이것이야말로 인바운드 마케팅의 전형이라고 할 수 있다.

홈페이지를 활용한 인바운드 마케팅

허브스폿Hub Spot은 미국의 통합 인바운드 마케팅 소프트웨어 제작사로 인바운드 마케팅의 세계적인 선두주자다. 허브스폿은 고객을 인바운드로 끌어들이기 위해서는 고객들이 공감할 수 있는 콘텐츠를 전방위적으로 공유하고, 그렇게 유입된 잠재고객들은 고객의 실질적인 행동을 이끌어내는 콜투액션Call-To-Action 등으로 확실하게 실제 고객으로 전환시켜야 한다고 주장한다. 허브스폿의 방법론을 살펴보자.

디지털 세일즈란 잠재고객을 발굴하거나 대응할 때 전통적인 아웃바운드 영업이나 대면 영업보다는 비대면, 특히 온라인 채널을 활용해 양질의 콘텐츠를 전방위적으로 꾸준히 제공해 사람들의 관심을 끌어 모으고, 소비자가 긍정적으로 반응하면 적극적으로 개입해 효과적으로 영업 리드를 이끌어내는 개념이다. 이는 허브스폿 등이 주장하는 소위 인바운드 마케팅Inbound Marketing 개념과 그 궤를 같이 한다.

인바운드 마케팅은 디지털 마케팅 시대에 리드를 가장 효율적으로 발굴할 수 있다고 알려진 개념이다. 인바운드 마케팅은 외부의 잠재고객들에게 제품이나 서비스에 대한 메시지를 영업 담당자의 시각에서 확산시키는 확성기 방식이 아니라, 매력적인 콘텐츠와 가치 있는 정보로 잠재고객을 유인해 실제 고객으로 끌어들이는 마케팅 활동이다. 전통적인 콜드콜, 콜드 이메일, 전시회, 매스미디어 광고보다 검색엔진 최적화, 블로깅, 소셜미디어 등을 활용하는 마케팅 기법이다.

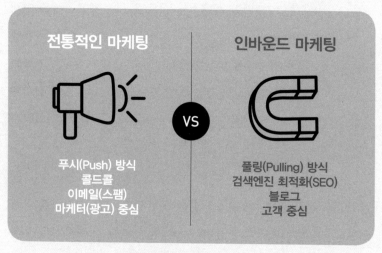

전통적인 마케팅   VS   인바운드 마케팅

푸시(Push) 방식
콜드콜
이메일(스팸)
마케터(광고) 중심

풀링(Pulling) 방식
검색엔진 최적화(SEO)
블로그
고객 중심

▶허브스폿의 마케팅 개념도◀

허브스폿은 홈페이지로 잠재고객이 유입되면, 여러 가지 디지털 기술이나 방법을 활용해 방문자Visitor가 아닌 리드Lead로 전환시켜야 한다고 주장한다. 홈페이지로 유입된 리드에게는 고객의 구매 여정에 맞춰 다가가는 전략을 추천한다. 소비자들이 디지털 환경에서 행동하고 표현하는 것을 보다 정확하게 추적할 수 있는 기술들이 개발됐기 때문에 이런 접근이 가능해진 것이다. 예전에는 이런 기술들을 마케팅 전문가나 활용할 수 있었는데, 지금은 쉽고 저렴하게 이용할 수 있어서 마케팅 활동을 대행사에 맡기지 않고 직접 수행하는 것도 가능하다. 허브스폿이 주장하는 고객 발견 및 접근 방법을 소개하면 다음과 같다.

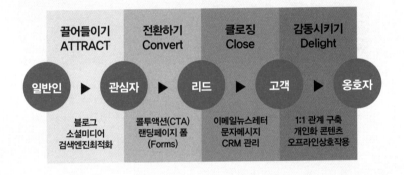

콜투액션Call-To-Action, CTA

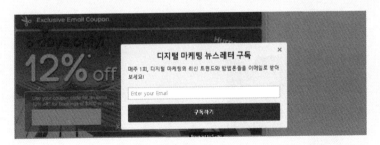

홈페이지 방문자가 행동을 취하도록 유도하는 이미지, 버튼, 메시지를 노출한다. 이를 누르면 방문자는 특정한 오퍼Offer를 담은 랜딩

페이지Landing Page로 넘어가게 된다. 콜투액션의 사인은 방문자들이 직관적으로 알아볼 수 있도록 배치와 메시지에 신경 써야 한다.

랜딩페이지Landing Page

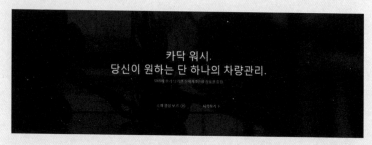

방문자가 홈페이지상의 콜투액션CTA를 눌렀을 때 연결되어 도착하게 되는 웹페이지. 기본적으로 오퍼Offer가 담겨 있다. 랜딩페이지는 콜투액션에서부터 기대된 오퍼만 강조되는 것이 좋기 때문에 가급적 명확하고 간결해야 한다.

오퍼Offer

방문자가 랜딩페이지에서 발견하는 특정한 목적의 가치 있는 콘텐츠를 말한다. 방문자는 오퍼가 가치 있다고 느낄 경우, 자신의 개인정보를 오퍼와 맞바꾼다. 오퍼는 주로 이북e-Book, 백서, 동영상 등의 형태를 띠며, 소프트웨어 기업에서 무료로 제공하는 체험 버전도 이에 해당한다.

폼Forms

방문자에게 오퍼를 제공하는 댓가로 개인정보를 얻을 수 있는데, 이런 개인정보는 정해진 양식에 따라 받아야 한다. 주로 이름과 이메일 정도를 수집한다. 이때 이름 쓰는 칸, 이메일 주소 쓰는 칸 등을 명확하게 구분해야 방문자가 헷갈리지 않는다. 이렇게 수집된 개인정보는 마케팅 자동화 툴에 의해 정기적인 뉴스레터 발송 등에 활용되거나, 구매 의사가 확실한 경우 영업 프로세스로 바로 이어지기도 한다.

02
─
잠재고객을
진짜 고객으로 만드는 법

Q : 고객을 어디서 찾을 수 있을까요?

A : 지금은 디지털 마케팅 시대입니다. 홈페이지, SNS, 블로그, 팟캐스트 등 소셜미디어 공간이 곧 고객들이 모이는 접점입니다. 고객을 유인하기 위해서는 콘텐츠에 승부를 걸어야 합니다. 제품(서비스)은 물론 관련된 영역에 대한 양질의 콘텐츠를 끊임없이 제공해야 합니다. 예를 들어, 반려동물 관련 제품의 경우 동물, 사람, 사랑, 생명 등 연관된 이야기를 소셜미디어를 통해 주기적으로 제공하십시오. 어떤 광고보다 효과적일 겁니다.

영업 깔때기 3단계론

잠재고객을 사로잡는 영업 깔때기 모델에 대해 알아보기 전에 우선 리드Lead의 개념부터 이해하고 넘어가자.

리드의 사전적인 의미는 앞 단에서 무언가를 이어줘 도입과 시작을 만드는 것인데, **영업 프로세스에서 리드는 우리 제품에 어떤 방식으로든 관심Interest을 보이는 잠재고객Prospect을 말한다.**

잠재고객은 시장 세분화 분석을 통해 정한 타깃 시장 안에 있는 고객을 통칭하는데, 리드는 잠재고객 중에서도 다양한 경로를 통해 우리 제품이나 서비스에 실질적인 관심을 조금이라도 보인 고객을

ToFu(Top of Funnel)
- 스토리텔링, 콘텐츠 마케팅
- SNS, 홈페이지, 블로그
- 검색엔진 최적화(SEO)

MoFu(Middle of Funnel)
- e-Book등 전문적인 콘텐츠
- 고객사례
- 비디오 데모 시연, 체험

BoFu(Bottom of Funnel)
Customers
- 세일즈의 적극적인 개입
- 할인쿠폰, 할인코드 제공
- 콜투액션을 통한 클로징 시도

▶영업 깔때기 모델◀

말한다. 한마디로 말해 리드는 '영업 사정권 안에 들어온 잠재고객'
이라 할 수 있다.

영업 깔때기Sales Funnel는 마케팅 활동을 통해 리드를 발견하고 이를
'진짜 고객'이 되도록 끌어들이는 과정을 도식화한 영업 프로세스 모

---

*   영업 깔때기는 역삼각형 모양이다. 영업 단계를 거치면서 유입된 고객의 수가 대개 감소하기 때
문이다. 최근에는 소셜미디어의 적극적인 활용으로 MoFu 쪽이 더 크게 표현되어야 한다는 반론이 제기되고
있지만, 여기서는 영업 프로세스를 직관적으로 이해하기 위해 역삼각형으로 표현했다.

델이다. 영업 깔때기는 크게 세 부분으로 나뉘는데 맨 위를 ToFuTop of Funnel, 중간을 MoFuMiddle of Funnel, 아래를 BoFuBottom of Funnel라고 한다.

ToFu 단계에서 기업은 마케팅과 리드 발견 활동을 통해 고객에게 기업과 브랜드를 인지시킨다. 이후 광고, 소셜미디어 활동, 이벤트 등을 통해 리드를 점진적으로 구매로 이끄는 과정을 MoFu 단계라 한다. 마침내 리드가 구매를 진지하게 고민하기 시작하면 기업은 강력한 세일즈 활동을 통해 구매를 성사시키는데, 이를 BoFu 단계라 한다. BoFu 단계까지 거쳐서 마침내 리드가 빠져나가는 것을 'Close'라고 한다. Close의 사전적인 의미는 끝낸다는 뜻인데, 이 경우 한 번의 구매로 영업이 종결되는 것이 아니라 재구매가 이뤄지거나 해당 고객의 적극적인 추천으로 다른 고객이 영업 깔때기로 진입할 수도 있기 때문에 끝이 아니라 '빠져나간다'라고 표현한다.

영업 깔때기 모델에서 단계마다 필수적으로 측정해야 하는 요소들이 있다. 단계별 영업 리드의 수, 단계별 평균 거래액, 각 단계 전환율Conversion Rate, 전환 시간Time 등이 그것이다. 영업 성과를 극대화하기 위해서는 이들 네 가지 요소 중에서 전환 시간은 최소화하고 나머지 요소는 최대화해야 한다. 영업 담당자라면 네 가지 요소의 데이터를 항상 숙지해야 한다.

영업 깔때기는 앞에서 다룬 영업 파이프라인 관리와 밀접한 관계가 있다. 영업 담당자에게 있어서 파이프라인 관리는 매우 중요한 습관이다. 영업 깔때기 모델에서 적어도 MoFu와 BoFu에 있는 잠재고객(영업 리드)은 반드시 파이프라인 리포트에 담겨 있어야 한다. 그리고 각각의 영업기회Opportunity를 평가하기 위해서 잠재고객의 행동 패턴, 니즈를 꼼꼼히 기록해야 한다. 영업 담당자는 자신의 파이프라인을 매일 점검하고 각각의 잠재고객들에게 어떠한 오퍼Offer를 던질지 고민해야 한다. 영업 담당자는 매주 영업 담당자의 파이프라인을 취합해 전체적인 전술을 짜야 한다.

영업 깔때기 모델에서 우리가 추구해야 할 목표는 딱 두 가지다. **첫 번째, 영업 깔때기 첫 단계인 ToFu에 더 많은 리드가 몰리게 한다. 두 번째, 영업 깔때기의 각 단계로 넘어가는 전환율을 높인다.** 이 두 가지만 잘 수행해도 매출을 극대화할 수 있다.

첫 번째 목표에 따라 리드를 ToFu 단계로 더 많이 모으기 위해서는 실시간으로 고객의 문의에 대응할 수 있는 시스템과 조직 마인드를 갖춰야 한다. 과거의 영업 환경에서 잠재고객들은 대부분 광고, 이벤트, 프로모션, 매장 방문 등을 통해 제품을 처음 접했다. 적극적인 고객이라도 매장을 방문하거나 회사로 전화를 거는 것 이상의 반응은 기대하기 힘들었다. 그러나 요즘은 사정이 다르다. 이메일, 홈페이지, 소셜미디어 계정을 통해 유입되는 잠재고객의 숫자가 훨씬 많다. 요즘 고객들은 비대면 접촉을 선호하면서도 기업에 보다 빠른 대응을 요구한다.

맞춤 속옷 브랜드로 유명한 소울부스터는 기민한 대응력이 돋보이는 기업이다. 소울부스터는 최근 고객들의 변화에 발맞춰 라이브 채팅Live Chat을 적극 활용하고 있다. 잠재고객이 라이브 채팅으로 문의하면 소울부스터의 직원들은 언제 어디서나 실시간으로 대응한다. 기업용 메신저 슬랙을 라이브 채팅과 연동시켜놓았기 때문에 이같은 대처가 가능하다. 자체적인 라이브 채팅 시스템을 갖출 수 없는 회사라면 카카오톡 플러스친구 같은 채널을 사용하는 것도 좋은 방법이다.

단, 채널만 갖춰놓았다고 해서 모든 문제가 해결되는 것은 아니다. 응대가 느려선 안 된다. 우리나라 지하철역에는 다른 나라에서 찾아보기 힘든 문구가 적혀 있다. '카드를 대고 1초 후에 통과하시오.' 1초도 기다리는 걸 싫어하는 이들이 우리나라 고객이라는 것을 기억하자. 아무리 시스템이 좋아도 조직 마인드가 따라가지 못하면 소용없다.

영업 깔때기 모델을 활용한 단계별 고객 유입 방법

1단계 ToFu 기본적으로 인바운드 마케팅, 디지털 마케팅 등만 꾸준히 관리해도 ToFu 단계에 유입되는 고객이 증가한다. 스토리텔링을 통해 브랜드 인지도Brand Awareness를 높이고, 홈페이지와 소셜미디어 채널에 매일, 매주 차별화된 정보를 업데이트하자. 별것 아닌 방법 같지만 꾸준함을 이기는 영업은 없다. 매일매일 벽돌 한 장을 올리는 마음으로 작고 사소한 정보라도 이야기로 꾸며서 올려보자.

유능한 영업 담당자라면 이때 정보를 검색엔진에 최적화Search

Engine Optimization, SEO한다. SEO란 특정 단어로 검색했을 때 우리 제품이 웹 페이지 상단에 노출되도록 하는 작업이다. 예를 들어, 낚시 용품을 파는 업체라면 '낚시'를 검색했을 때 경쟁 업체보다 상단에 노출되거나 최소한 첫 번째 화면에 노출되도록 해야 한다. 키워드 툴keywordtool.io, 네이버 검색광고searchad.naver.com를 활용해 우리 제품과 연관되면서도 인기 있는 검색어를 찾아내 활용하자.

2단계 MoFu MoFu 단계의 리드는 관심은 있지만 구매를 완전히 결정한 상태가 아니다. 좀 더 전문적인 정보를 제공해 구매로 유도하자. 이 과정에선 고객들의 관심사를 파악해 데이터화하는 것이 중요하다. 뒤에서 살펴보겠지만 이북, 구체적인 고객 사례, 비디오 데모 등을 제공하는 방법이 있다. 특정 카테고리에 관심을 보이는 고객이 있다면 특화된 추가 정보(백서 등)를 제공한다. 이 단계에서 영업 담당자는 다양한 정보를 제공해 리드에게 전문가로 인식되어야 한다.

3단계 BoFu 이 단계까지 이른 고객에게는 영업 담당자의 적극적인 개입이 필요하다. 더 많은 페이스북 광고나 이벤트를 하라는 뜻이 아니다. 영업 담당자가 고객에게 직접적으로 다가서야 한다. 가능하다면 고객에게 직접 전화를 걸어 구매를 유도하거나 해당 고객에게 맞춤화된 정보를 제공하자. 예를 들어, 잠재고객이 가격 정보를 문의했거나 홈페이지에서 이를 확인한 로그 기록이 있다면 해당 고객만을 위한 특별한 할인 코드를 보내줄 수 있다.

단, 이때 유의해야 할 점이 있다. 시간을 두고 천천히, 그리고 지속적으로 연락해야 구매로 이어진다. 한두 번 전화하거나 서너 번 이메일을 보내고는 할 일을 다했다고 생각해서는 실질적인 매출이 일어나지 않는다. 통계에 따르면 평균적으로 고객에게 열 번 이상 연락해야 클로징(구매)으로 이어진다고 한다. 유능한 영업 담당자라면 고객의 거절과 무관심을 당연한 반응으로 받아들이고 꾸준하게 '들이밀 수' 있어야 한다.

전통적인 고객 발견법

영업 깔때기 모델을 통해 리드가 진짜 고객이 되는 단계와 각각의 단계에 따른 영업 담당자의 역할을 살펴보았다. 그럼 구체적으로 리드를 어디서 발견해야 할까?

예전에는 주로 오프라인을 통해 리드를 발견했다. 산업 환경에 따라 정도의 차이는 있지만 전통적인 고객 발견 방법은 다음과 같았다. 대부분 인력과 비용이 많이 들어가는 방법이다.

콜드콜Cold-Call

콜드콜은 고객이 될 만한 컨택Contacts에게 특정한 목적을 가지고 연락하는 영업 활동을 말한다. 쉽게 말해, 잠재고객에게 전화를 걸어 제품을 소개하는 활동이다.

콜드콜을 할 때는 짧은 시간 내에 간결하고 깊은 인상을 남겨야 한다. 모두가 경험해서 알다시피 고객들은 영업 관련 전화를 받는 것을 좋아하지 않는다. 아예 전화를 받지 않거나 전화를 받더라도 이런저런 핑계를 대며 끊어버리기 일쑤여서 영업 활동 중에서도 효율성이 낮은 편이다. 그럼에도 불구하고 잠재고객에게 적절한 질문을 던져 피드백을 받는 것이 효과적인 제품이라면 활용 가능한 방법이다.

콜드콜은 대개 인사이드 세일즈 담당자가 수행하는데, 한 사람이 하루 동안 처리할 수 있는 물리적인 양은 정해져 있다. 따라서 더 많은 리드를 발견하기 위해서는 그만큼 인력을 더 채용해야 한다.

E-DM, 뉴스레터

이메일을 활용한 E-DMElectronic Direct Mail은 콜드콜에 비해서 송신자, 수신자 모두에게 부담 없는 방법이다. E-DM는 월 1~2회 정도 보내는 게 적당하다. 너무 자주 보낼 경우 스팸메일로 차단될 가능성이 높다.

단순한 광고성 소개만 담아서는 아무런 효과가 없다. 이메일을 수신하는 고객은 내용에 대한 사전지식이 전혀 없기 때문에 아무리 좋은 판매 조건을 홍보하더라도 이에 긍정적인 반응을 보일 가능성이 낮다.

따라서 무료 교육, 세미나를 알리는 내용으로 이메일을 발송한 후, 오프라인에서 자연스러운 미팅을 유도하거나 혹은 세미나를 접수할 때 간단한 추가 정보를 수집해서 잠재고객에 대해 파악하는 방식의 접근법이 필요하다.

참고로 전통적인 E-DM이나 뉴스레터는 최근에 주목받고 있는 이메일 마케팅, 마케팅 자동화와는 조금 다른 개념이다. 잠재고객들 각자에게 맞춤식으로 발송하는 이메일이 아니다. 가끔씩 스팸 메일함을 채우는 각종 뉴스레터를 연상하면 된다.

전시회, 로드쇼

오프라인상에서 리드를 발견하는 대표적인 방법이다. 해당 산업의 전시회가 열리면 부스를 대여하고, 마케팅 콜레트럴을 제작한다. 때에 따라 도우미를 투입해 방문객들을 유도한 후 명함을 받거나 리드 시트Lead Sheet, 방문객의 회사, 이름, 전화번호, 이메일 주소 등 인적 사항과 몇 가지 객관식 혹은 간단한 주관식 질의에 대한 답을 받는 일종의 설문조사를 작성하게 해서 이를 영업 데이터베이스로 활용한다.

전시회는 예전에 비해 그 효과가 현저히 떨어지는 방법이다. 우스갯소리로 큰돈을 들여 전시회에 참가해선 이 부스와 저 부스가 서로의 제품을 소개하고 간다고 말할 정도다. 그러나 고객을 직접 만날 수 있다는 점에서 직접적인 광고 효과를 기대할 수 있고, 경쟁사와 비교를 통해 공신력을 끌어올릴 수 있는 기회라는 점에서 주목할 필요가 있다.

교육 및 세미나

교육, 세미나, 강연회, 네트워킹 등을 통해 해당 산업, 제품, 서비스에 관한 정보를 전달하는 영업 활동을 말한다. 교육, 세미나는 잠재고객이 될 만한 컨택에게 초대장을 보내는 것이 일반적이라 보유하고 있는 컨택 정보가 불확실하면 효과가 떨어지게 마련이다. 얼마나 순도 높은 잠재고객을 초대하느냐가 성공의 관건이다.

노쇼No-Show, 이른바 '식충 고객(무료로 제공되는 식사만 먹고 가는 고객)'을 가려내는 노하우도 필요하다. 장소 섭외, 광고물 제작, 식사비 등 부대 비용이 크게 들어간다는 단점이 있다. 그러나 푸시Push 방식영업이 아닌 솔루션 제공자Solution Provider로서 잠재고객과 전략적 파트너 관계를 구축할 수 있다는 점에서 현재까지도 여전히 효과적인 것으로 손꼽히는 방법이다.

행사 발표

권위 있는 행사에서 발표하고 참석한 사람들에게 전화, 이메일을 통해 개별적으로 접촉하는 방법으로, 다른 전통적인 고객 발견법에 비해 효과가 높은 편이다. 공인된 행사에서 발표했다는 것 자체만으로도 고객의 신뢰를 받을 수 있고, 이런 신뢰를 관심으로 이어지게 하기도 쉽다. 강력한 경쟁사가 있다면 더욱 적극적으로 행사에 참가해 발표 기회를 잡아야 한다. 이것만으로도 경쟁사보다 반 걸음 정도 앞설 수 있다. 행사에서 발표한 후에는 소셜미디어를 활용해 이를 적극 알려야 한다.

단, 발표할 때 제품에 대해 대놓고 홍보하면 역효과가 날 수도 있으니 주의하자. 제품보다는 한 단계 위의 개념이나 제품 소개로 이어지도록 준비한다. 가령, 모바일 광고 플랫폼 서비스를 하고 있다면 광고 시장의 과거, 현재, 미래에 대한 통찰력을 보여주는 것으로 발표 내용을 구성한다.

추천

아무리 철저히 데이터를 분석해서 리드를 발굴하더라도 지인, 기존 고객이 추천해주는 리드만은 못하다. 우리 제품에 만족한 고객이 추천해주는 리드는 구매 확률이 매우 높다.

기존 고객은 우리에 대해 너무나 잘 알고 있는, 누구보다 뛰어난 영업 담당자다. 기존 고객 관리가 중요한 건 이런 이유에서다. 평소에 A/S, 기술 지원 등을 세심하게 관리하고 고객 불편에 대해서는 적극적으로 개선 의지를 보여야 한다. 그런 후에 틈틈이 추천을 부탁하자. 웬만한 콜드콜, E-DM보다 효과적이다.

이 밖에 대표적인 영업 방법으로 신문, 잡지, TV, 인터넷 광고 등이 있다. 이들은 전통적인 홍보 수단으로, 그 효과와 단점이 잘 알려져 있으므로 설명을 생략한다.

구분	콜드콜	E-DM	전시회	교육	행사 발표	추천
비용	거의 무료	거의 무료	규모에 따라 수백만~ 수천만 원	규모에 따라 수백만~ 수천만 원	무료	거의 무료
준비 사항	아웃바운드 콜 시나리오, 고객 사례집, 헤드셋 혹은 이어폰	마케팅 이벤트 콘텐츠, 콜투액션 메시지, 이메일 툴	전시장 부스 대관, 엑스배너, 포스터, 카탈로그, 명함, 고객 카드 등	강의 교안, 강의장 대관, 식사 및 다과, 명함	발표 자료, 데모 시연, 명함	인맥 관리
도출 결과	즉각적인 영업 리드 발견, 고객 미팅 유도	잠재 고객의 인바운드 콜 유도, 장기적인 영업 리드 발견	미디어, 블로그, SNS 등에 노출 효과, 장기적인 영업 리드 발견	컨설팅 문의 및 의뢰	회사의 신뢰성 확보	긴밀한 영업 리드 발견

▶ 전통적인 고객 발견 방법 ◀

디지털 영업 시대의 고객 발견법

소비자의 구매 프로세스가 변해감에 따라 기업의 마케팅과 영업 프로세스 역시 변하고 있다. 소비자들은 매일같이 쏟아지는 스팸메일과 콜센터의 전화에 지쳤다. 한때 누구보다도 아웃바운드 콜을 많이 해보았기에 전화로 영업하는 이들의 심정을 잘 아는 나조차 콜센터의 홍보 전화를 받으면 그냥 끊는 편이다. 어차피 관심이 없다면 빨리 마무리해야 서로 시간 낭비를 줄일 수 있다고 합리화하면서 말이다.

전통적인 영업 방법이 더 이상 효과가 없는 상황에서 돌파구는 없을까? 언제나 해결책은 있다. 요즘 고객들은 자신과 관련 없는 정보는 철저히 외면하지만 반대로 자신에게 도움이 되거나(니즈) 관심, 욕구를 건드리는 정보(원츠)에는 적극 반응한다.

소비자의 구매 프로세스는 확성기형에서 자석형으로 변했다. 영업 방식 또한 제품의 특성과 가치를 확성기에 대고 퍼뜨리는 푸시Push 방식에서, 소비자들이 제품의 매력에 이끌려 선택하는 풀Pull 방식으로 변했다. 대중의 관심을 끄는 시대는 지나갔다. 이제 고객에게 제품이 발견되는 시대가 된 것이다.

한때 인구통계학적으로 타깃을 세분화해 영업하는 방식이 유행했는데 이는 더 이상 유효하지 않다. 가령 20대 여성을 타깃으로 하는 매스 마케팅Mass Marketing은 효용성이 적다. 같은 연령대라도 여건에 따라 니즈, 원츠가 천차만별이기 때문이다.

이처럼 전통적인 푸시 영업 전략의 효과와 효율이 떨어지면서 디지털 마케팅이 대세로 자리 잡고 있다. 이제는 누구나 페이스북, 인스타그램, 블로그 등을 이용하며, 팟캐스트를 즐겨 듣고, 관심사에 맞춰 편집된 동영상을 소비한다. 이런 소비자들의 행동을 분석하고 파악하기 위해 여러 디지털 마케팅 툴이 만들어지고, 이를 활용해 새로운 리드를 발견하는 방법들이 개발되고 있다.

과거의 영업 전략이 직관에 의존했다면 지금은 철저한 데이터 분석을 통한 영업 전략 방식으로 바뀌고 있다. 대표적으로 구글 애널리틱스Google Analytics 같은 웹 분석 도구가 있는데, 이를 사용하면 어떤 사용자들이 우리 홈페이지를 방문하는지, 어떤 경로를 통해 방문하는지, 홈페이지에 접속한 후 어떤 행동을 하는지 구체적인 데이터를 통해 파악할 수 있다. 이를 통해 잠재고객에 따라 실시간으로 맞춤 영업 활동을 할 수 있게 됐다.

디지털 마케팅 시대의 대표적인 고객 유입 채널에 대해 살펴보자.

홈페이지

백서, 이북e-Book, 웨비나, 연구자료 등의 정보를 제공함으로써 잠재고객의 신뢰를 얻는다. 같은 콘텐츠도 홈페이지상의 배치를 바꾼다든가, 메시지를 바꾼다든가, 노출 시간을 바꾼다든가 하는 식으로 A/B 테스팅을 해서 효율을 높인다. 앞에 소개한 세일즈포스닷컴의 CRM 방식을 활용해 콜투액션을 배치해 뉴스레터를 구독하게 하고 구매를 유도한다.

블로그

우리나라의 경우, 네이버의 영향력이 절대적이다. 블로그 마케팅에 있어 검색엔진에 노출되는 것은 매우 중요하다. 그중에서도 상위에 노출되어야 실질적인 의미가 있다.

얼마 전까지만 해도 마케팅 에이전시나 일부 파워 블로그가 생산한 콘텐츠가 검색 상위에 랭크되었으나 네이버 정책에 의해서 점차 이 비중이 줄고 있다. 따라서 가장 확실한 방법은 양질의 콘텐츠를 꾸준히 생산해 방문자 수를 늘리는 것이다.

소셜미디어

그 무엇도 영원한 것은 없지만 페이스북은 여전히 잠재고객들이 가장 많이 이용하는 채널이다. 소셜미디어와 관련한 전사적인 마케팅 플랜이 있을 경우, 전략적으로 페이스북 광고를 집행하는 것이 가장 효과적이다. 그 밖에 트위터, 링크드인, 인스타그램 등 다양한 채널에 적합한 콘텐츠와 마케팅 이벤트로 고객이 홍보에 적극 참여하는 버즈 마케팅을 시도해보자.

그러나 이 채널들을 메시지를 전달하는 통로로만 이해해선 안 된다. 메시지를 전달하는 것보다는 다양한 채널을 통해 잠재고객들의 의견을 청취하는 데 초점을 맞춰야 한다.

동영상

동영상은 텍스트 형태의 정보에 비해 정보 제공 효과가 33% 높다는 조사 결과가 있다. 이와 관련, 페이스북의 CEO 마크 저커버그는

"페이스북 뉴스피드의 가장 인기 있는 콘텐츠는 곧 비디오가 될 것이다"라고 했다.

대개 90초 이내의 짧은 클립으로 브랜드, 제품 소개 영상을 제작한다. 스마트폰에 기본적으로 탑재된 영상 편집 앱만으로도 충분히 양질의 동영상을 제작할 수 있다. 유튜브 등에서 제공하는 툴로도 충분히 편집, 자막 처리, 오디오 더빙 등이 가능하다. 도저히 엄두가 안 난다면 셰이커www.shakr.com 같은 온라인 비디오 제작 툴을 활용하면 적은 비용으로 충분히 제작할 수 있다.

팟캐스트

팟캐스트는 대개 적극적인 정보 소비자층이 활용한다. 따라서 제작기술이 다소 떨어지더라도 정보의 질을 유지할 수 있다면 바이럴 마케팅 도구로 활용하기에 적절한 채널이다. 제품을 직접 홍보하기보다는 기업 브랜드의 공신력을 높이는 용도로 활용한다. 일주일에 최소 1~2회 정도 주기적으로 오디오(혹은 비디오) 콘텐츠를 제공하고 해당 산업의 구루 전문가를 초빙해 토크쇼 형식으로 진행하는 것이 좋다.

보상 추천

추천은 과감한 보상 캠페인이 동반돼야 한다. 가령, 지인을 추천할 경우 할인 쿠폰이나 크레디트를 주거나 과감하게 현금을 환급해 준다. 실제로 에어비앤비는 친구를 추천할 경우, 추천인과 신규 가입자 모두에게 할인 쿠폰을 제공한다. 국내의 한 채용 서비스 회사는 추천한 지인이 합격할 경우, 추천인과 합격자 모두에게 보상금을 현찰로 지급하고 있다.

구분	홈페이지	블로그	소셜미디어	동영상	팟캐스트	보상 추천
비용	서버, 호스팅 비용	무료	광고 비용 발생	무료	무료	보상 지급액
준비 사항	백서, e-book, 웨비나, 연구자료	지속적인 콘텐츠 공급	잠재고객들과의 커뮤니케이션	동영상 캠 혹은 스마트폰, 편집툴	해당 산업의 전문가 초대, 편집툴	보상 추천 마케팅 전략 수립
도출 결과	구글 애널리스틱스를 통한 고객 반응 분석	진정성, 전문성 확보	잠재고객의 피드백 청취	고객의 신뢰 확보	고객 신뢰 확보	확실한 잠재 고객 유입

▶디지털 세일즈 시대의 고객 발굴 방법◀

4장

STEP 3
고객 유인
성공의 8할은 일단
눈에 띄는 것이다

진실한 말 한마디는 연설만큼 위력이 있다.
– 찰스 디킨즈, 《황폐한 집》

01

고객을
유혹하라

Q : 고객을 대할 때 너무 불편합니다. 어떻게 말을 꺼내야 할지 잘 모르겠습니다.

A : 고객을 편하게 만나고 지내는 선배라고 생각해보세요. 지나치게 공손하지도 지나치게 무례하지도 않게 대하는 형이나 누나 말입니다. 그래야만 말과 행동이 자연스러워집니다. 억지로 설득하려고 하지 마세요. 대신 상대의 궁금증을 해결해준다고 생각하세요. 고객이 주로 궁금해하는 질의에 대한 답안을 미리 준비해놓는 것이 중요합니다. 명확한 시나리오Cheat Sheet를 마련해놓고, 발생 가능한 모든 상황에 대한 대응 요령을 미리 생각해두는 것이죠. 시간이 허락한다면 직원들끼리 롤 플레이를 하면 시나리오를 마련하는 데 도움이 될 겁니다.

준비된 간절함이 있는가

인바운드 마케팅, 영업 깔때기 등의 툴을 사용해 마침내 잠재고객(리드)이 자발적으로 인바운드로 흘러 들어왔다면, 이제 그들을 진짜 고객으로 만들어야 한다.

고객이 인바운드로 흘러 들어온 것이 얼마나 대단한 일인지 아는가? 특정 고객이 구매 욕구를 느끼고, 스스로 찾거나 주변 사람들에게 물어보거나 이것저것 비교한 다음, 시간과 공을 들여 우리를 찾아온 것이다. 실로 엄청난 일이다.

따라서 상품에 대한 문의 메일을 받았다면 문의 사항에만 답할 것이 아니라, 메일을 쓴 사람이 도대체 왜 이런 문의를 했는지 잠시 고민해봐야 한다. 들뜬 마음에 무작정 다가서지 말라는 뜻이다. 첫인상은 매우 중요하다. 첫 단추가 잘못 끼워지면 고객이 바로 등을 돌릴 수도 있다.

적극적이고 진지한 태도를 가지고 우리 회사, 브랜드, 제품에 대해 긍정적인 인식(도전적인, 재미있는, 본질적인, 열정적인, 갈구하는 모습)을 심어주어야 한다. 이런 긍정적인 인식은 한마디로 간절함이라고 정리할 수 있다. 고객들은 영업 담당자가 간절함을 보일 때 가장 편안한 느낌을 받는다. 영업 담당자가 정성과 배려를 다한다면 고객은 기분 좋게 구매하게 된다(간절함과 강매를 오해하지 말자).

자영업자들 사이에선 아르바이트 직원에게 일을 맡기면 매상이 줄어든다는 속설이 있다. 열심히 일하는 아르바이트 직원들은 억울할 수도 있다. 하지만 차이가 있는 건 분명하다. 왜 그런 차이가 생기는 것일까? 바로 간절함 때문이다. 주인은 마음 자세부터 다르다.

대학 동기 중 부모님이 동네 슈퍼마켓을 하셨던 친구가 있었다. 거의 쉬는 날이 없으셨지만 집안 행사나 결혼식 참석 등 1년에 몇 번 정도 부득이하게 가게를 볼 수 없어 아들인 친구에게 맡겨놓고 외출을 하시는 일이 있었다. 그런데 그 친구는 자식인 자기가 가게를 보는 날이면 희한하게도 매상이 평소보다 30%는 줄어든다고 했다. 영업으로 치면 친구는 리드의 30%를 놓친 셈이다. 주인의식이란 게 그만큼 무섭다.

영업 담당자는 달라야 한다. 일을 맡으면 매출이 늘어야지 줄지 않아야 한다. 그것이 영업인의 간절함이다. 찾아온 영업 리드는 하나도 놓치지 않겠다는 자세로 임해야 한다. 사과가 없으면 사과 주스라도 추천하고, 아침에 찾는 물건이 없으면 어떻게든 찾아서 저녁에라도 보내드리겠다고 해야 한다. "없는데요." "왜 그러시죠?" "불가능합니다." "안 됩니다." "업무 시간이 아닙니다." "담당자가 부재중입니다." 이런 식으로 대응했다간 고객이 다 떠나고 만다. 명심하자. 스타트업은 경험이 축적된 기업이 아니다. 마케팅에 쓸 자금도 부족하다. 우린 아무것도 가진 게 없는 스타트업이다. 영업 리드 하나하나를 금쪽같이 챙겨야 한다.

자, 마음가짐을 다잡았다면 이제 영업 시나리오를 마련하자. 발생 가능한 모든 상황에 대해 행동 요령을 준비해두면 리드를 자연스럽게 고객으로 만들 수 있다.

사소한 것 까지 공개하라 _ 홈페이지

몇 해 전 2D 그래픽을 배워야 할 일이 있었다. 연구소 홈페이지를 개설하면서 관련 자료를 직접 제작하고 싶었다. 내친김에 연구소 로고를 손수 디자인하면 어떨까 하는 생각이 들었다. 그래픽 디자인은 예전부터 배우고 싶었던 기술이기도 했다.

검색 끝에 국내에서 유명하다는 IT 교육기관의 홈페이지를 찾았다. 그런데 아무리 홈페이지를 뒤져봐도 수강료가 제시되어 있지 않았다. 심지어 구체적인 커리큘럼과 강사 프로필도 공개하지 않았다(정말이다!). 도대체 뭘 배우는지도 모르고 누가 가르치는지도 모르고 얼마인지도 모르는 상품을 어떻게 사라는 것일까? 교육기관이 제공할 수 있는 가장 중요한 핵심 콘텐츠는 그들의 교육 커리큘럼과 수강료, 강사의 전문성인데, 이해가 가지 않았다. 잠재고객이 원하는 정보를 쏙 빼고 대관절 어떻게 영업을 하려는 것일까?

사실 영업 현장에선 이런 경우를 흔히 볼 수 있다. 처음 영업을 배울 때 나 역시 가격은 맨 나중에 알려주라고 들었다. 가격을 먼저 제시하면 잠재고객이 제품에 대해 판단하기 전에 마음의 문을 닫을지도 모른다는 이유에서였다. 제품의 장점을 충분히 설명한 후에 가격을 들으면 충분히 납득할 거라고 했다. 그러나 이는 디지털 영업 시대에는 더 이상 통하지 않는 영업 문법이다.

홈페이지에는 모든 정보가 공개되어야 한다. 잠재고객은 우리 홈페이지 말고도 다른 곳에서 충분한 정보를 얻을 수 있다. 신뢰와 진정성을 쌓는 것은 정보 공개에서 시작된다. 기본적인 가격, 품질, 제품과 관련된 인증서, 보도자료, 고객 사례, 구매자의 피드백 등을 충분히 공개해야 한다. 단순히 많은 정보를 나열하는 게 아니라, 홈페이지 곳곳에 동영상 인터뷰나 기존 고객의 반응을 노출시키자. 그래야 살아 있는 홈페이지가 되어 잠재고객들이 머물게 하는 곳이 된다. 양질의 콘텐츠를 제공해 사람들이 기꺼이 자신의 개인정보를 알려주게끔 만들어야 한다.

홈페이지 관리를 잘하는 곳으로 패스트캠퍼스www.fastcampus.co.kr를 들 수 있다. 패스트캠퍼스는 교육 과정을 잠재고객의 니즈에 따라 파트타임반과 풀타임반 두 가지로 구분한다. 각각의 과정마다 매우 자세한 커리큘럼과 관련 정보를 확인할 수 있다. 해당 강좌의 강사 인터뷰, 오프라인 강좌 설명회 안내는 물론이고 수강 후기와 구체적인 교육 효과를 직관적인 디자인과 명확한 문장으로 간결하게 설명한다. 풀타임반의 경우, 기업 인사팀이 참여하는 졸업생들을 위한 하이어링 데이 이벤트Hiring Day Event를 열기도 한다. 수강료와 수강 신청, 강의 피드백에 관한 콜투액션도 잘 갖춰져 있다. 홈페이지는 잠재고객의 니즈를 충분히 만족시켜줄 수 있어야 하며 기대감을 줄 수 있어야 하는데 패스트캠퍼스는 이 부분을 충분히 만족시킨다.

최근 자체 홈페이지보다는 페이스북, 인스타그램, 카카오톡 플러스 친구 같은 소셜 계정에 집중하는 기업들이 많다. 그러나 브랜드 인지도Brand Awareness가 낮은 스타트업들은 자사 홈페이지를 최종적으로 고객을 만날 수 있는 거의 모든 경로라고 생각하고 강점을 최대한 강조해야 한다.

간혹 경쟁사가 베낄까 봐 두려워서 정보를 공개하기가 망설여진다는 경우도 있다. 그런데 홈페이지에 나온 정보를 보고 경쟁사가 따라할 수 있을 정도라면 그 회사의 제품은 이미 경쟁력이 없는 것이나 다름 없다. 정보 공개 여부 차원의 문제가 아니다.

만약 이런저런 이유로 홈페이지에서 충분한 정보를 제공할 수 없다면 적어도 전화번호, 이메일 주소 정도는 한두 번의 클릭으로 볼 수 있게 해야 한다. 그리고 고객이 전화를 걸면 반드시 받고, 이메일은 가급적 당일, 늦어도 24시간 이내 답신을 보내야 한다. 우리 회사 홈페이지가 아래 체크리스트를 충족시키고 있는지 하나씩 점검해보자. 열 개의 질문 중 충족되는 항목이 일곱 개 미만이라면 홈페이지를 다시 점검해봐야 한다.

홈페이지 점검사항	제공 여부
제품(서비스) 가격이 공개되어 있는가?	
구매 절차가 안내되어 있는가?	
고객 사례를 소개하고 있는가?	
우리만의 스토리를 담고 있는가?	
고객이 메시지를 쉽게 남길 수 있는가?	
회사 이메일 주소가 잘 보이는가?	
회사 전화번호가 잘 보이는가?	
라이브 채팅 기능이 있는가?	
동영상 클립 형태의 정보를 제공하는가?	
모바일 반응형으로 제작되었나?	

▶효과적인 홈페이지가 되기 위한 체크리스트◀

'안 된다'는 말은 없다 _ 전화

앞서의 사례로 돌아가보자. A 컴퓨터 학원의 홈페이지에서 원하는 정보를 찾지 못한 나는 학원에 직접 전화를 걸었다. 수강료와 구체적인 커리큘럼이 궁금했다. 고객 입장에서는 당연한 질문이다. 그런데 다시 한번 예상 밖의 벽에 부딪쳤다. 수강료와 커리큘럼에 대해서는 담당 직원이 따로 있으니 전화번호를 남기면 나중에 회신하겠다는 것이다. 나는 그럴 필요까지 없다며, 대충이라도 좋으니 수강료가 얼마쯤 되느냐고 되물었다. 역시나 돌아오는 답은 같았다.

전혀 어려운 질문이 아닌데 왜 상담원은 기어코 잠재고객을 밀쳐낸 걸까? 잠재고객이란 변덕이 심한 네 살짜리 어린애 같다고 보면 된다. 잠재고객이란 맛집으로 유명한 식당에 갔다가도 줄이 길게 서 있으면 다른 식당으로 발길을 돌리는 그런 사람이다. 우리 제품이 다른 누구도 제공할 수 없는 독점적인 제품이 아니고서야 다른 선택을 할 여지는 얼마든지 있다. 설사 제품이 뛰어난 경쟁력을 갖추었더라도 인바운드로 유입된 고객을 응대하는 데 문제가 있다면 고객은 곧바로 등을 돌린다.

전화 응대 제1 수칙, 고객의 전화를 받으면 일단 펜을 들자

내가 소프트뱅크커머스에 근무할 때, 사무실에 전화가 울리면 신입사원들이 모든 전화를 당겨 받았다. 일본계 기업의 특성 탓인지 걸려오는 전화는 일단 신입사원 몫이었다. 전화가 울리면 잽싸게 구내번호를 눌러 당겨 받았다. 그런데 이제 막 교육을 마친 신입사원이 고객의 상담 내용을 제대로 이해할 턱이 없었다. 업계 용어와 숫자들이 대화 속에 몇 번 등장하고 나면 같은 언어를 쓰는 사람끼리 이럴 수 있나 싶을 정도로 머리에 남는 게 없었다. 전화를 받고도 상사에게 제대로 내용을 전달하지 못하니 야단맞는 게 일상이었다.

나름 고심 끝에 찾아낸 해결책이 다름 아닌 '메모'였다. 그게 무슨 대단한 해결책이냐고 하겠지만, 메모는 전화 응대를 할 때 부족한 기억력을 채워주는 가장 효율적인 툴이다. 메모와 관련, 주의해야 할 사항들은 아래 정리해보았다.

- 전화기 옆에 메모할 노트와 펜을 항상 준비해두자. 펜이 없어지지 않도록 노트 옆에 달린 펜 걸이에 꽂아놓는 것도 좋다.
- 여분의 필기도구를 여러 곳에 준비해놓는다. 책상 위에 색깔별로 여러 개의 펜을 항상 준비해둔다. 책상 서랍 안에도, 재킷 주머니에도 넣어둔다.
- 노트는 가급적 스프링이 달린 대학 노트 형태가 좋다. 가벼워서 휴대하기 편하고, 노트 크기가 넓어서 전화 내용을 메모하기에 충분하다.
- 메모를 위한 특별한 형식을 만들 필요는 없다. 나중에 자신이 알아볼 수 있으면 그만이다.
- 상대방에게 메모하고 있다고 알리자. 자신의 말에 집중하고 있

는 사람에겐 누구나 신뢰를 보내게 마련이다.

- 혹시 전화 내용을 놓쳤거나 잘 모르는 내용을 이야기한다면 주저하지 말고 되물어라. "다시 한번 말씀해주시겠어요? 제가 그 내용에 대해 잘 몰라서요. 받아 적겠습니다. 다시 한번 말씀 부탁드립니다." 이렇게 직접적으로 요청하자.

- 갑자기 걸려온 전화를 받을 때 가장 먼저 해야 할 일이 무엇일까? 먼저 회사 이름과 부서, 자신의 이름을 밝힌다. 다음에는 상대방(고객)의 회사, 이름, 연락처를 준비해둔 메모 노트에 기록한다. 너무 당연하다고? 맞다. 그러나 습관은 무서운 것이어서 간단한 대응법도 몸에 배지 않으면 별의별 일이 다 일어난다. 실컷 얘기하고 끊었는데 '이 사람이 누구였지?' 하는 경우가 의외로 많다. 전화를 받으면 일단 위의 절차를 자동적으로 실행하도록 몸에 익히자. 회사에 전화를 걸어보면 전화 응대 방식이 직원마다 천차만별인 곳이 있는데 영업팀이라면 이를 반드시 매뉴얼화해서 습관을 들여야 한다.

전화 응대 제2 수칙, 한 박자 늦춰서 전화를 받자

면대면 대화를 할 때는 목소리뿐만 아니라 얼굴 표정, 제스처, 적당한 소음과 주위 분위기가 모두 커뮤니케이션에 영향을 미친다. 그러나 전화는 오롯이 상대방의 목소리에만 집중하게 된다. 그러다 보니 직접 얼굴을 마주하고 이야기할 때보다 전화 통화를 할 때 상대방의 심리나 의중을 파악하기가 더 쉽다.

반대로 내 목소리의 분위기도 상대방에게 여과 없이 전달된다는 점을 잊지 말자. 사무실에서 짜증 나는 업무를 보다가 갑자기 전화를 받았다가는 뜻하지 않게 좋지 않은 인상을 줄 수도 있다. 전화가 오면 곧바로 받기보다는 잠시 여유를 두자. 잠시 굳었던 표정을 풀자. 심호흡을 하는 것도 도움이 된다. 다소 유치해보여도 효과는 좋다.

전화 응대 제3 수칙, 불가능이란 말을 쓰지 마라

많은 영업자들이 전화를 받을 때 '안 된다' '어렵다'는 말을 너무 쉽게 한다. 고객이 우리 회사에 전화하는 이유는 딱 두 가지다. 우리 제품에 관심이 있어서, 혹은 불만이 있어서. 두 가지 경우 모두 위의 대답은 상황을 악화시킬 뿐이다. 그러면 어떻게 해야 할까? 두 가지 경우 모두 성실히 응대해야 한다. 아래와 같은 말은 절대로 해서는 안 된다. 아예 금지시켜야 한다.

- 지금 담당자가 없으니 다음에 다시 전화를 주세요.
- 지금 점심시간이니 나중에 다시 전화 주세요.
- 지금 담당자가 휴가라 처리해드릴 수 없습니다.
- 담당자의 전화번호를 알려드릴 수 없습니다.
- 그건 제 담당 업무가 아닙니다.
- 무슨 일 때문에 전화 주신 거죠?

대개 최소한의 인원으로 구성되는 스타트업의 특성상, 모든 세부 업무별로 담당자를 두는 것은 그리 쉬운 일이 아니다. 물론 분업화된 업무마다 담당자를 두고 해당 업무를 충실히 수행하도록 하는 것이 좋지만, 현실적으로 어려운 일이다. 상황이 이런데 담당자가 부재중이란 이유로 고객에게 다음에 다시 전화해달라고 요구할 수 있는 여유는 도대체 어디에서 나오는 걸까?

한 걸음 더 나아가, 모든 직원의 휴대전화를 담당 영역별로 공개하는 것을 추천한다. 이것이 어렵다면 적어도 영업 담당자의 휴대전화 번호는 공개해야 한다.

전화를 받자마자 "무슨 일 때문에 전화 주신 거죠?"라고 되묻는 경우도 꽤 많다. 무슨 일 때문이겠는가? 회사의 제품이나 서비스에 관해 물어보려고 전화하지 않았겠는가? 고객의 전화에는 무조건 "제가 어떻게 도와드릴까요?"라고 말해야 한다.

인바운드 전화는 기업의 모든 업무에 우선해야 한다. 전화 한 통 한 통을 잠재고객의 영업 리드라고 생각해야 한다. 기업이 막대한 인력과 비용을 써가며 마케팅과 홍보를 하는 이유가 무엇인가? 바로 영업 리드를 창출하기 위함 아닌가?

잠재고객의 인바운드 전화는 기업에 있어서 최고 우선순위를 갖는다고 생각하자. 인바운드 전화에 응대하는 것은 모든 영업 활동 중에서 가장 중요한 일이다. 그럼에도 불구하고 정말로 많은 스타트업들이 전화를 대충대충 받고 있다. 가히 통탄할 만한 일이다.

전화 응대 제4 수칙, 전화 응대 시나리오를 마련하자

전화 응대 시나리오는 고객의 요구 사항과 질의 사항에 대해 미리 준비해놓는, 이른바 모범답안이자 고객 대응 프로세스 매뉴얼이다. 기업 홈페이지에 자주 묻는 질문에 대한 답안(FAQ)이 마련돼 있는 것처럼 사내에서 모든 직원이 공유하는 전화 응대 시나리오가 준비돼 있어야 한다.

물론 업력이 짧은 기업이 전화 응대 시나리오를 작성하는 것은 생각보다 어려운 숙제다. 이 경우, 유사 업종의 기업을 벤치마킹하거나, 예상 질문을 뽑아서 시나리오를 만든 후 사용하며 계속 수정, 보완하자.

- "제품 가격은 얼마인가?"
- "제품을 응용할 수 있는 범위와 실제 사례는?"
- "해외 진출 실적이 있는가?"
- "제품을 직접 시연해보고 싶은데 절차는 어떻게 되는가? 어렵다면 짧은 동영상 클립을 제공할 수 있는가?"
- "상세 정보가 담긴 제안서를 줄 수 있는가?"
- "해당 자료를 이메일 또는 우편물 형태로 받을 수 있는가?"
- "현금영수증, 세금계산서 등은 어떤 식으로 발행되는가? 나중에 환불 가능한가?"
- "반품 보증 기간은 얼마인가?"

- "대량 구매 할인은 어느 정도부터 가능한가?"

업종별로 차이는 있지만 예상되는 고객 질문을 대충 나열해도 정리해두어야 할 것이 엄청나게 많다. 최소한 영업 조직은 이런 궁금증에 관해 통일된 시나리오를 갖추고 있어야 한다.

예상되는 주요 고객층의 표준집단을 설정하고 이들에게 미리 제품을 제공한 뒤 면접 형태로 예상 질문을 받는 것도 방법이다. 이를 바탕으로 가설과 경험치를 모아서 전화 응대 시나리오를 작성해서 배포하고 상황극을 통해 여러 차례 연습해보자.

대표적인 전화 응대 시나리오

담당자가 부재중인데 고객이 담당자를 찾는 경우

– 잘못된 답변 : 지금 담당자가 안 계십니다. 휴대전화 번호는 알려드릴 수 없습니다.

– 권장 답변 1 : 담당자가 현재 휴가 중이라 대신 제가 도움을 드리겠습니다. 무슨 일인지 말씀해주시겠어요?

– 권장 답변 2 : 담당자가 현재 휴가 중입니다만, 급하시다면 휴대전화 번호를 알려드리겠습니다.

고객이 제품 교환을 요청할 경우

– 잘못된 답변 : 단순 변심인지 고객 과실인지 알 수 없기 때문에, 제품 교환에 대해서는 저희 대표님께 물어봐야 할 것 같습니다. (어떤 규정이나 절차가 없음)

– 권장 답변 : 일단 제품의 시리얼 넘버를 불러주세요. (받아 적은 뒤에) 어떤 점 때문에 제품 교환을 원하시나요? 제품 교환에 관

한 규정에 근거해 합당한 사유라면 당연히 교환해드리겠습니다.

제품 카탈로그를 우편으로 보내달라는 경우

- 잘못된 답변 : 우편으로요? 그냥 이메일로 보내드리면 안 될까요?
- 권장 답변 : 저희 제품 카탈로그는 홈페이지에서 아주 간단하게 다운로드 받으실 수 있습니다. 반드시 우편으로 받아야 하실 경우, 부득이하게 우편료는 고객 부담으로 처리되는데 괜찮으신지요?

세금계산서 발행을 부탁할 경우

- 잘못된 답변 : 세금계산서요? 그건 제 담당이 아니라 잘 모르겠는데요.
- 권장 답변 : 세금계산서에 관한 사항은 저희 회사 회계 담당자가 처리하고 있습니다. 연락처를 알려주시면 오늘 중 직접 전화를 드리라고 꼭 전달하겠습니다.

24시간 안에 답하라 _ 이메일

최대한 빠른 답변

이메일 계정으로 고객의 문의가 들어오면 반드시 24시간 이내 답신을 보내야 한다. 하루를 고객 인내심의 임계치로 여기고 대응 시스템을 갖추자. 다만 24시간은 고객의 신뢰를 잃지 않는 '최대한의 시간'으로 정한 것일 뿐, 늦은 밤 시간이 아니라면 가급적 당일 회신하는 것이 좋다.

이메일에 대응하는 방법에 관해서는 미국 회사들을 본받을 필요가 있다. 과거에 해외 제품을 유통하는 일을 한 적이 있다. 해외 사이트를 검색하다가 괜찮은 제품을 발견하면 "당신 회사 제품을 수입하고 싶은데 가능하냐? 공급가, 선적 조건, 결제 조건 등은 어떻게 되는가?"라고 문의하는 이메일을 보냈는데, 대부분 하루 만에 답신이 왔다. 우리나라 스타트업에 이런 이메일을 보내면 어떨 것 같은가? 회신이 없는 경우가 대부분이다.

한번 상상해보자. 잠재고객이 관심을 가지고 회사에 이메일을 보냈는데 아무런 답이 없다면 홍보나 마케팅을 아무리 잘해봐야 무슨 소용 있겠는가? 문을 두드려도 대답이 없다면 비즈니스 모델이며 핵심성과지표가 무슨 소용 있겠는가? 기업 경영에서 인바운드는 1순위에 두어야 한다. 인바운드를 놓쳐서는 안 된다.

백 번 양보해 이메일로 답신하는 게 어려운 상황이라면 자동 응답 기능을 써서 영업 담당자의 전화번호가 고객에게 전송되도록 하자. 아무런 대답도 없는 것보다는 나은 행동이다.

이메일 툴을 활용하라

회신 메일은 제품에 대한 신뢰를 높일 수 있는 절호의 기회다. 이메일 마케팅 툴을 사용해 이 기회를 적극 활용하자. 이메일 마케팅 툴은 시중에 이미 많이 소개되어 있다. 해외 서비스로는 메일침프, 겟리스폰스, 컨스턴트컨텍 등이 있는데 모두 한글 지원이 된다.

- 메일침프 mailchimp.com
- 겟리스폰스 www.getresponse.kr
- 컨스턴트컨텍 www.constantcontact.com

무엇이든 자신에게 맞는 서비스를 이용하면 된다. 일부는 무료로도 사용할 수 있다. 다만 자동화 기능을 사용하려면 유료 옵션을 선택해야 한다. 유료 서비스도 비교적 저렴한 비용으로 이용할 수 있으니 적극 검토해보기 바란다.

이메일 마케팅 툴은 다양한 기능이 탑재되어 있지만 크게 두 가지가 핵심이다. 첫째 수려하고 고급스러운 이메일 템플릿, 둘째 자동화Automation 기능이다.

회사 고유의 템플릿을 활용해 이메일을 보낼 경우, 효과는 생각보다 크다. 우선 신뢰감 있는 회사라는 인상을 줄 수 있다. 보기 좋게 잘 정돈된 이메일 양식은 내용마저 정돈된 듯한 인상을 준다. 이메일을 보낼 때는 회사, 담당자 이름, 연락처, 주소 등이 정리된 서명을 항상 포함시키자.

이메일 마케팅 툴의 자동화 기능은 고객마다 각기 다른 욕구와 성향을 감안해 개인화된 이메일을 자동으로 발송하는 기능이다. 이는 유지율을 높이기도 하고 충성도를 높이기도 하는 전략을 위해 쓰인다.

공동계정은 쓰지 마라

일반적으로 스타트업은 인바운드 메일을 하나의 경로로 통일시키기 위해서 biz@회사 도메인이나 help@회사 도메인 등 공동계정을 사용하는 경향이 있다. 공동계정을 사용하는 이유는 잠재고객의 편의성보다는 사내에서 일하는 사람들 간의 형평성을 중요시하기 때문인 경우가 많다. 쉽게 말해, 회사 계정의 개인 이메일을 외부에 공개하면 그 사람에게만 계속 이메일이 수신되니 업무량이 많아질 것이므로 공동계정을 사용하는 것이다. 이렇게 하면 형평성도 생기고 힘도 덜 든다.

그런데 메일을 여러 사람이 공동관리하다 보면 책임 소재가 불분명한 경우가 흔히 발생한다. 각자 맡은 업무를 처리하다 보니 공동계정은 한 달이 지나도록 확인하지 않는 경우도 있다. 이래서는 24시간 내 회신이라는 원칙이 지켜질 수 없다.

스타트업은 구성원들의 개인 이메일을 공개하는 편이 좋다. 공동계정은 고객에게 신뢰를 주지 못한다. 특히 영업 담당자는 고객과의 원활한 커뮤니케이션을 위해 개인 이메일을 반드시 공개하자. 그래도 꼭 공동계정을 사용하고 싶다면 두 가지 방법이 있다. 하나는 한 달씩 돌아가면서 자동 포워드Forward 기능을 적용해 반드시 개인 메일로 전달되게끔 하는 방법이다. 다른 하나는 인사이드 세일즈 담당자를 두어 전문적으로 관리하는 방법이다. 인사이드 세일즈는 디지털 세일즈 매니저와 같은 의미로, 앞서 설명한 인바운드 마케팅과 디지털 마케팅을 전사적으로 담당하는 직무다.

효과적인 이메일 작성법

- 메일침프 등 무료 이메일 툴로 템플릿을 작성한다.
- 자신의 소속, 연락처, 이메일 주소, 회사 주소로 구성된 서명을 덧붙인다.
- 발송 전 맞춤법 검사를 한다.
- 회사 도메인이 붙은 이메일 계정을 마련한다.
- 수신인을 비워놓고 내용을 먼저 작성한다.
- 급하지 않은 메일이라면 작성을 마친 후, 몇 시간 후에 한 번 더 점검하고 발송한다.
- 휴대전화 화면에서 메일이 어떻게 보이는지 확인한 후 발송한다.

02

—

모든 고객을
만족시킬 수는 없다

Q : 고객을 만나고 돌아오면 과연 이 사람이 구매할지 안 할
지 헷갈립니다. 고객의 구매 여부를 예측할 수 있는 좋은
방법이 없을까요?

A : 방법은 질문밖에 없습니다. 고객과 미팅할 때는 버릇처
럼 예산, 니즈, 시간에 대해 반드시 물어봐야 합니다. 망설
이지 말고 당당하게 물어보세요. 구매 의사가 분명히 있는
고객이라면 이 세 가지를 어느 정도 염두에 두고 있을 테
니까요. 구매할 것 같은 고객을 알아보는 것도 중요하지만
나쁜 고객을 골라내는 것도 중요합니다. 몇 가지 질문 패
턴을 터득한다면 쉽게 고객의 우선순위를 가려낼 수 있을
겁니다.

고객에도 우선순위가 있다

고객의 우선순위를 정하는 것은 영업 담당자가 꼭 갖추어야 할 기
술이다. 우리가 접하게 되는 고객은 매우 다양하다. 어떤 고객은 예
산이 풍부하고 구매 시기도 구체적이다. 반면 구매 의사는 있지만
예산이 책정되지 않은 고객도 있다. 또 어떤 고객은 예산은 많지만
당장 구매 의사가 없을 수도 있다. 이렇게 다양한 잠재고객들의 상
태를 잘 구분해서 관리해야 힘을 빼지 않고 구매가 임박한 고객에게

집중할 수 있다.

고객을 평가하고 분류해 우선순위를 정하는 것을 리드 평가Lead Qualification라고 한다. 리드 평가는 유입된 영업 리드의 중요도를 구분 짓는 일이기에 영업 프로세스의 효율성을 좌우하는 중요한 업무다. 특히 스타트업은 자원이 부족하기 때문에 모든 리드를 쫓아다닐 수 없다. 게다가 리드 중에는 소위 나쁜 고객들도 있기 때문에 걸러낼 필요가 있다.

고객(고객사)의 현재 상황, 외부 환경 및 내부 환경, 관심 제품, 구매 예정 시기, 의사결정권자 등의 가중치에 따라 리드를 평가하고 분류한다. 해당 리드를 평가한 결과, 높은 수준의 중요도를 지닌 것으로 판명되면, 영업 파이프라인에 영업 기회로 등록해 리포트에 반영한다.

모든 리드에는 등급이 있다. 등급을 결정하는 첫 번째 요소는 '구매 가능성'이다. 잠재고객을 상대하다 보면 다들 구매 의사가 있다고 하는데, 심층 분석을 해보면 경우가 다 다르다. 전혀 다른 목적으로 전화를 건 고객도 있고, 구매와 전혀 상관없이 특정 정보를 얻기 위해 이메일을 쓴 고객도 있다. 이렇듯 다양한 리드들을 각각의 특징에 따라 합리적이고 효율적으로 분류해야 한다.

사실 이렇게 하기 위해서는 어느 정도 경험이 쌓여야 한다. 경험이 부족할 때는 중요도가 떨어진다고 생각했던 리드가 알고 보면 중요도가 상당히 높은 리드인 경우도 있다. 리드의 나중에 가치를 평가할 때는 다른 요소들은 배제하고 구매 가능성을 가장 우선으로 생각하자.

등급에 관해서는 앞서 파이프라인 및 성과 예측 관리 단계에서 다뤘지만, 일반적으로 해당 거래가 성사될 가능성을 기준으로 20%, 40%, 60%, 80% 등 4단계로 구분한다.

고객과 미팅하기 전에 리드를 평가하는 기준

리드를 평가하는 것은 최소 인력으로 효율적인 영업 프로세스를 실현하는 데 있어서 가장 중요한 일이다. 그렇다고 스타트업이 처음부터 리드 등급을 편리하게 관리해주는 전문 소프트웨어를 구입해서 사용할 필요까지는 없다. 잠재고객을 바라보는 경영진의 비즈니스 계획을 바탕으로 몇 번의 경험을 통해 자신만의 기준과 공식을 만들면 된다.

해당 영업 리드가 어떤 경로를 통해 발생했는지, 또 어떤 경로를 통해 발생한 리드가 영업 성공률이 높았는지 평가해 효율성을 따지자. 예를 들어, 잠재고객이 우리 홈페이지 중 어느 부분에 특히 관심을 보였는지, 같은 페이지라도 얼마나 많이 접했는지 세세하게 따져 보자.

리드의 경중을 분류하는 방법을 간략히 정리해 보았다. 다음 표를 보고 상황에 맞게 영업 리드의 경중을 분류해 보자.

리드 평가 기준	내용과 의미
유입 채널 (리드를 발생시킨 채널)	해당 리드가 어떤 경로를 통해 유입되었나? 회사의 다양한 마케팅 채널(전화, 이메일, 로드쇼, 세미나, 홈페이지, 블로그, 팟캐스트, 유튜브 등) 중 어떤 채널이 가장 효율적이고 성과가 좋았는가? 유입 채널별로 축적된 데이터가 있다면 이를 활용한다. 가령 전화로 들어온 리드가 거래로 이어질 확률이 높고, 로드쇼는 그 반대라면 채널별로 그런 경험치를 가중치로 적용한다. 물론 경험치는 회사마다 다르기 때문에 시행착오를 겪을 수도 있다.
방문 페이지	잠재고객이 웹페이지의 어디를 방문했는가? 회사 소개 페이지만 보고 갔는가? 제품 소개서를 다운로드 받았는가? 가격 정보가 있는 페이지를 방문했는가? 가격 정보 같은 영업과 연관성 높은 페이지를 방문할수록 해당 리드의 품질이 높을 가능성이 있다.
멀티 액션을 취한 리드	리드가 몇 개의 경로를 통해 유입됐나? 영업 카테고리에 근접한 리드일수록 복수의 경로를 통해 접근하는 것이 일반적이다. 이는 여러 경로를 통한 탐색을 통해 최적의 의사결정을 하려는 행동에 따른 것이다. 따라서 해당 리드가 취한 액션이 많을수록 높은 품질의 리드로 분류할 수 있다

▶미팅 전 리드 평가 기준◀

미팅한 후에 리드를 평가하는 기준

비즈니스 환경에 따라 조금씩 다르지만, 기본적인 리드 평가 기준에는 예산, 시간, 니즈가 포함되어야 한다. 이 3대 평가 기준은 오래 전부터 영업 이론에 보편적으로 적용돼왔다. 이 기준은 현재도 유효하다. 고객이 우리 제품을 구매하기 위해서는 우리 제품이 필요(니즈)해야 하고, 돈(예산)이 있어야 한다. 그러나 무엇보다 중요한 것은 언제 사느냐(시간)다.

몇 번이나 강조했지만 영업 담당자들에게 시간 프레임은 가장 중요하게 염두에 두어야 하는 확인 사항이다. 고객과 미팅할 때 언제쯤 구매할 것인지 '직설적'으로 물어보고 정황을 파악해 영업 예측Forecast을 한다. 미팅한 뒤에는 아래 표의 기준에 따라 영업 리드를 분류해보자.

리드 평가 기준	내용과 의미
예산	"예산은 있으신가요?" 모든 영업 프로세스를 통틀어 가장 중요한 질문이다. 모든 고객은 구입을 결정할 때 예산을 고려한다. 구매 가능성이 높은 고객일수록 예산을 더욱 구체적으로 준비한다. 간혹 예산에 대해 질문하는 것을 꺼려하는 영업 담당자들이 있는데, 구매 가능성이 높은 고객은 책정된 예산에 대해 밝히는 것을 꺼리지 않는다. 예산을 대충이라도 암시해 영업 담당자의 적극성을 끌어내려 하기 때문이다. 그렇다고 해서 상대방이 불편할 정도로 예산에 대해 물어봐서는 안 된다. 책정된 예산에 맞춰 가격을 부르려고 한다는 인상을 받을 수 있기 때문이다. 직접적으로 예산이 얼마인가를 묻기보다는 해당 구매건에 몇 명의 내부 리소스가 투입되는지 또는 구매건과 연관 있는 전체 프로젝트의 예산이 대략 어느 정도인지 간접적으로 물어본다. 이를 통해 단일 구매건의 대략적인 예산 규모를 가늠할 수 있다.

시간	구매 계획이 현재 기준으로 3개월 이내로 설정돼 있다면 매우 긍정적인 신호다. B2B 거래에서 3개월 정도는 구매 의사 결정의 자연스러운 시간 프레임이다. 구매 예정 시기가 불확실하거나 오래 걸린다면 낮은 수준의 리드로 분류한다. 구매 예정 시기를 묻는 것은 매우 자연스러운 일이다. 전혀 주저할 필요 없다. 물건을 파는 입장에서 완벽하게 준비하기 위해서는 당연히 구매 시기를 알고 있어야 한다. "구매는 언제쯤 하실 생각인가요?"라고 단도직입적으로 물어보자. 만약 잠재고객이 대답하기 어려워한다면 "해당 프로젝트를 진행하시는데 이 구매가 적용되는 시기는 언제인가요?"라고 물어본다. 말장난 같지만 같은 의도의 질문이라도 그 형식에 따라 답이 쉬울 수도 있고 어려울 수도 있다.
니즈 (Needs)	고객의 니즈를 만족시킨다면 없던 예산도 만들 수 있고, 당장이라도 구매가 이뤄질 수 있다. 문제는 "우리의 솔루션이 고객의 니즈에 부합하는가?"라는 질문의 해답이 예산, 시간과 달리 매우 주관적이란 점이다. 영업팀 모두가 함께 고민해야 하며 경쟁사와의 비교분석은 필수다. 그렇다고 너무 어려워할 필요는 없다. 간단한 SWOT 분석으로 강점, 기회가 단점, 위협보다 클 경우 높은 리드로, 반대의 경우 낮은 리드로 구분하면 된다. 경험이 쌓이다 보면 나름의 노하우가 생길 것이다.

▶미팅 후 리드 평가 기준◀

나쁜 고객 골라내는 법

잠재고객 중에는 소위 블랙맨Black-man이 있다. 제품을 구매할 것처럼 다가오지만, 알고 보면 에너지와 자원만 축내는 그런 고객 말이다. 이런 고객은 매출뿐만 아니라 경험을 축적하는 데도 전혀 도움이 되지 않는다. 때문에 잘 솎아내야 한다.

나쁜 고객의 유형에는 공통점이 있다. 무엇이든 너무 많은 것을 요구하는 고객은 일단 의심해봐야 한다. "전 세계에 통신망을 서비스하고 있는 보다폰Vodafone에 납품할 수 있다" "2018년 평창 동계올림픽에 메인 스폰서로 함께 참여하자" "미래창조과학부 국장과 친해서 이미 다 얘기가 되어 있으니 내가 말만 하면 다 되게 되어 있다" "국내 시장을 모두 잠식하는 거대 플랫폼을 구축하자" "최소한 6개월 이상의 물량을 확보했기 때문에 적어도 50% 가격 할인은 보장해야 한다" "올해는 사전 검토 기간이라서 진행되지 않지만 내년이나 내후년에는 100% 진행된다" "3000만 원가량 현물 지원을 해주면 내년도 지원 사업을 몰아주겠다" 등등 상대방이 이런 식의 말을 자주 한다면 일단 경계하는 것이 좋다.

물론 이런 약속이 진짜일 수도 있다. 이를 믿고 승부수를 띄워서 회사가 급성장할 좋은 기회를 갖게 될 수도 있다. 그러나 스타트업은 리소스가 부족하기 때문에 큰 거래를 진행하다 실패할 경우를 생각해야 한다. 무리해서 모든 것을 던지기에는 기회비용이 너무 크다. 대규모 거래에만 매달리다 보면 매출은 적더라도 확실한 다른 고객을 놓칠 수도 있다. 오히려 사소한 거래를 많이 처리하면서 하나씩 개선하는 것이 스타트업의 초기 모델로는 좋다. **10억 원짜리 거래 한 건보다 1억 원짜리 거래 열 건을 성사시키는 것이 장기적으로 볼 때 더 낫다. 반복적인 일처리 속에서 자연스럽게 비즈니스 노하우가 쌓이고 실패를 성공을 전환시킬 수 있는 동력도 쌓이게 된다.** 다시 한번 강조하지만, 처음부터 너무 욕심을 부리면 안 된다. 처음에는 질보다 양으로 승부하자.

나쁜 고객을 골라내는 질문들

진지하게 본연의 업무에 집중하는 회사라면 구매 의사결정자, 구매 절차, 구매 예산 등이 정해져 있다. 이사 갈 집의 세입자가 빠져나가야 내가 그 집에 들어갈 수 있는 것처럼, 우리에게 물건을 사는 구매자 역시 그들의 최종 구매자 혹은 중간 구매자가 있다. 회사끼리 만나서 미팅까지 하면서 구매를 의논하는 사람이 언제 살지도 모르고, 누가 결정하는지도 모르고, 예산을 얼마나 쓸 수 있는지도 알아보지 않을 리 없다.

따라서 이런 질문에 제대로 답하지 못한다면 아무것도 정해지지 않은 상태라고 보면 된다. 물론 그렇다고 해서 이들과 대화를 중단하라는 말은 아니다. 이런 경우, 영업 깔때기의 ToFu 정도로 분류하면 된다. 이들에게는 우리 회사에 대한 좋은 인상을 심어주고 성공 사례를 포함한 다양한 콘텐츠와 정보를 제공하자. 먼저 마음이 급해져서 가격이나 결제 조건 등을 협상 테이블에 올려놓아선 안 된다. 이럴 때는 잠시 쉬어 가자.

나쁜 고객의 특징

- 지나치게 많은 주문제작을 무상으로 요구한다.
- 원가 이하로 납품할 것을 요구한다.
- 구매 프로세스에서 시간 프레임이 없다.
- 구매 물량이 무제한이라고 자신한다.
- 모든 구매 의사결정권은 자신에게 있다고 자신한다.
- 대기업, 정부와 협력하고 있다는 점을 강조한다.
- 전화를 잘 받지 않고 이메일 응답도 느리다.

STEP 4

제안 및 가격 전략

영업은 디테일이다

당신의 태도가 당신의 지위를 결정한다.

– 존 맥스웰

01

—

유능한 영업 담당자의
소통법

Q : 고객과 미팅을 잘하려면 어떻게 해야 하나요?

A : 미팅 약속부터 사전준비, 미팅 진행, 질문까지 단계별로 다양한 노하우가 있습니다. 그중에서도 가장 중요한 것은 사전에 미팅에서 합의를 이끌어낼 목표를 정하는 것입니다. 현재 상황에서 단번에 거래를 종결짓는 것이 불가능하다면 그보다 작은 목표를 이끌어내면 됩니다. 두 번째 미팅을 잡을 수도 있고, 고객사의 기술지원팀을 대상으로 프레젠테이션 일정을 잡거나, 견적서를 발행할 수도 있습니다. 아무리 사소하더라도 하나 이상의 합의를 이끌어내는 것이 중요합니다.

전화 걸기가 두렵다면

전화는 단순한 커뮤니케이션 수단이 아니다. 대면 미팅에 버금가는 효과가 있다. 이메일의 활용도가 높아지고 있지만 상대방과 직접 대화할 수 있다는 점에선 전화를 따라올 수 없다. 전화 면담은 흔히 알고 있는 여러 영업 노하우를 대면 미팅 때와 거의 동일한 수준으로 구사할 수 있다. 때로는 대면 미팅보다 전화 통화가 더욱 효과적이다.

피드백 면에서도 빠르고 효과적이다. 전화상으로 상대방의 분위기를 즉시 파악할 수 있다. 상대방이 전화를 안 받는다고 해도 그 자체로 하나의 의미를 갖는다. 물론 상대방이 전화를 안 받는다는 것은 대체로 부정적인 신호이긴 하지만 말이다.

이에 비해 이메일은 수신 확인 기능 외에는 상대방의 의도를 파악할 수단이 없다 (사실 이조차도 정확하지 않다. 수신했는데도 수신 확인으로 나오지 않는 경우도 많다). 물론 이메일이 전술적으로 유용한 경우도 있다. 그럼에도 불구하고 **단언컨대 전화가 이메일보다 훨씬 효과적이다. 영업자라면 전화 걸기를 즐겨야 한다. 주저하지 말고 전화기를 들 수 있어야 한다.**

도구를 활용하면 전화를 보다 효과적으로 이용할 수 있다. 여기서 도구란 컴퓨터, 스마트폰, 펜, 노트 등을 말한다. 스마트폰에 이어폰을 끼우거나 블루투스 기능을 활용하면 통화하면서 필요한 정보를 검색할 수 있다. 컴퓨터도 마찬가지다.

의외로 전화를 거는 것을 두려워하는 영업 담당자가 많다. 가장 큰 이유는 상대방의 차가운 반응에 대한 두려움이 아닐까 싶다. 고객의 차가운 반응, 영업에서 가장 힘든 게 바로 이것이다. 고객의 통명스러운 반응은 영업에 나선 모든 이에게 수치스럽고 참혹하며 괴로운 감정을 불러일으킨다. 고래 심줄 같은 정신력을 가진 영업 담당자라도 몇 번 거절 당하면 의욕이 떨어지게 마련이다.

그러나 영업 담당자에게 고객의 차가운 반응과 거절은 익숙해져야 하는 통과의례나 마찬가지다. 상대방이 나를 싫어한다는 생각 따윈 버리자. 누구나 처음 만나는 사람은 일단 경계하게 마련이다. 낯설고 어색하기 때문에 차갑게 대하는 것이지 나를 싫어해서 그런 것은 아니다.

영업은 소개팅이 아니다. 차일까 봐 노심초사하며 마음 졸이지 말고 철저히 공적으로 접근하면 마음이 편해진다. '나는 전화를 걸어 정보와 가치를 제공하는 것뿐이다. 나의 제안에 관심을 보일지 말지는 상대방의 선택이다'라고 생각한다면 낯선 고객에게 전화를 거는 일이 더 이상 두렵지 않을 것이다. 관심이 없다면 거절은커녕 애초에 전화조차 받지 않았을 터이다. 상대방이 전화를 받았다는 것은 그 자체로 매우 긍정적인 신호라고 믿자.

전화 걸기 노하우

전화 걸기 전의 마음가짐

전화를 걸 때는 자신감과 절제가 중요하다. 말은 천천히 또박또박한다. 한 문장을 다 말하면 2초 정도 잠깐 쉰다. 그사이에 상대방이 뭔가 말을 할지도 모르기 때문이다. 간혹 폭주기관차처럼 말을 뱉어내는 사람들이 있다. 말을 빠르게 쉬지 않고 하는 것은 자신감이 떨어진다는 증거일 뿐이다. 영업 초보일수록 단 몇 초의 침묵도 견딜 수 없어 한다. 친구와 대화하듯 자연스럽게 하면 된다. 다만 아나운서처럼 또박또박하는 발음해 전달력을 높이는 데 신경을 쓴다.

가능성을 낮추는 말은 아예 하지 않는다. 가령 "지금 통화 가능하

세요?" "언제쯤 통화 가능하세요?" "지금 바쁘신가요?" 같은 질문
은 굳이 할 필요가 없다. 상대방과 통화하고 있는데 통화 가능하냐
는 질문은 왜 하는가? 통화할 수 있기 때문에 전화를 받은 것이다.
바쁘지 않기 때문에 전화를 받은 것이다.

상대방이 전화를 받으면 간단히 인사를 건넨 후 전화를 건 이유를
분명히 밝히고 곧바로 본론으로 들어간다. 이렇게 하면 상대방이 경
계를 늦춰 오히려 안정적인 분위기에서 대화할 수 있다. 일단 대화
를 시작했다면 적극적이면서도 차분한 태도가 필요하다.

상대방의 반응이 시원치 않거나 짜증을 내더라도 전혀 걱정하지
마라. '고객은 항상 바쁘기 때문에 뭔가에 쫓기는 것은 당연하며,
차가운 반응을 보이는 것은 조금 전에 좋지 않은 일이 있었기 때문
이다'라고 생각하는 편이 좋다. 고객에게 전화를 걸 때는 항상 담담
한 마음으로 설혹 상처를 받더라도 금방 회복할 수 있다는 확신을
갖자.

전화 걸기 전 대화 구도를 짜라

전화를 걸기 전, 5분 정도 전체적인 대화 구도를 짜보자(습관이 되
면 나중에는 머릿속으로 준비하는 것만으로도 충분하다). '고객의 최근 상
황 및 애로 사항' '우리 제품(서비스)의 비교우위' '간단한 오프닝 메
시지' '확실한 영업 메시지(콜투액션)' 그리고 '타 고객 사례' 등을 체
크하면 된다.

이렇게 준비하면 전화 미팅을 보다 수월하게 진행할 수 있다. **여기서 핵심은 확실한 영업 메시지(콜투액션) 던지기다.** 경험이 많지 않은 영업 담당자들은 전화를 해야 한다는 강박관념 때문에 좋은 말만 늘어놓다가 통화를 끝내는 경우가 더러 있다. 이는 말 그대로 듣기 좋은 말만 하다 만 것이다. 전화를 건 목적은 콜투액션을 던져서 고객의 다음 행동을 유도하는 데 있다는 점을 잊지 말자.

아웃바운드 전화 체크포인트에 대해 좀 더 자세히 알아보자.

고객의 최근 상황 및 애로 사항 먼저 고객사 홈페이지, 인터넷 검색, 언론 기사 등을 통해 최근 상황을 체크한다. 그러나 진짜 어려움은 이런 방식으로는 알 수 없다. 인맥, 거래처 등을 통해 최대한 정보를 수집한다. 정보 수집이 여의치 않을 경우 기본적으로 설정한 잠재고객 표준집단의 애로 사항을 참고해 접근한다.

우리 제품이나 서비스의 비교우위 고객은 우리 제품에만 관심을 두지 않는다. 당연히 경쟁사의 제품도 비교분석한다. 특히 영업 담당자의 영향에서 벗어나 독립적으로 구매 결정을 하는데 많은 노력을 기울인다. 따라서 설득하기보다는 객관적인 정보를 제공하는 데 주력한다. 우리 제품의 비교우위를 객관적인 지표로 소개하자. 대체제가 있다면 이에 대해서도 비교우위를 말할 수 있어야 한다.

간단한 오프닝 메시지 최대한 간단하게 한두 문장 정도로 준비한다. 과거에는 고객과 공감대를 형성해야 한다는 의견이 많았지만 지금은 업무 환경이 변했다. 대부분의 고객은 영업 담당자의 형식적인 오프닝 메시지를 듣고 싶어 하지 않는다. 간단한 인사 후 곧바로 본론으로 들어가자.

> 안녕하세요, 담당자님! S사의 김 과장으로부터 소개받은 ○○사의 유○○ 대표입니다. 아주 간략하게 기업용 커뮤니케이션 서비스에 대해 설명드리고 싶어서 전화 드렸습니다.

확실한 영업 메시지(콜투액션) 구구절절한 설명보다는 우리 제품의 편익, 혜택에 대해 몇 개 문장으로 간단명료하게 설명할 수 있어야 한다. 가령 구매하라, 견적을 받아라, 미팅을 잡아라, 무료 교육을 받아라 등 전화하는 목적을 명확하게 말하고, 고객의 다음 행동을 유도한다. 중언부언 제품 소개만 하면 안 된다.

> 담당자님, 다른 건 몰라도 저희 서비스는 기업용 커뮤니케이션 서비스라서 시연 없이는 그 기능을 확인하실 수 없습니다. 이번 주 금요일에 10분 정도만 아주 간략하게 저희 서비스를 시연해 드렸으면 합니다. 금요일 오후 2시 어떠세요?

타 고객 사례 고객은 영업 담당자의 전화를 반기지 않는다. 고객이 해당 산업 분야에서 영업 담당자보다 전문가인 경우도 많다. 그러나 영업 담당자가 고객보다 앞설 수 있는 것이 있다. 바로 타 고객의 사례다. 일반적으로 실무자들은 경쟁사를 비롯한 다른 회사의 소식에 관심이 많다. 따라서 다양한 고객 사례를 확보해 주된 이야깃거리로 삼자.

기업용 커뮤니케이션 서비스는 사용자 경험의 규모가 중요합니다. 쉽게 말해, 대기업의 도입 사례가 중요합니다. 저희는 올해 G사와 A사 등 대기업에 납품한 경험이 있습니다. 필요하시면 자세한 도입 사례집을 보내드리겠습니다.

아웃바운드 전화를 미팅으로 연결하는 법

한 통의 전화로 클로징까지 이끌어낼 수 있다면 좋겠지만 이는 쉽지 않은 일이다. 첫 통화에서는 서로간의 신뢰가 구축된 상태가 아니기 때문에 고객은 처음부터 숨겨진 니즈를 밝히기 꺼린다. 따라서 이후에 몇 번 정도 전화를 더 해야 할지도 모른다.

전화를 이어가는 것도 좋지만 머릿속에는 언제나 대면 미팅을 염두에 두고 있어야 한다. 기회가 보인다면 일단 대면 미팅을 잡는다. 고객과 미팅을 잡는 데 성공했다면 클로징에 한 단계 더 접근했다고 보면 된다.

일단 문간에 발을 들여놓아야 문이 닫히지 않고 그 문 안으로 들어갈 수 있다. 미팅을 잡았다고 해서 무조건 거래가 이뤄지는 것은 아니지만, 고객에게 우리 제품과 가치를 제대로 소개할 기회를 얻었다는 점에서는 충분히 의미 있는 발전이다. 미팅을 잡기 위해서는 아래의 방법을 숙지하자.

- 미팅의 목적과 어젠다를 명확하게 밝힌다.
- 진정성 있는 어조, 밝은 목소리, 적극적인 자세를 견지한다.
- 신뢰감을 줄 수 있는 소개자가 있다면 언급한다.
- 타사의 사례를 몇 가지 소개해주겠다고 밝힌다.
- 방문 날짜와 시간을 두 가지 정도 제시하고 선택하도록 유도한다.

대면 미팅 1 어젠다와 시나리오를 준비하라

요즘 영업 현장을 다니다 보면 면대면 대화를 어려워하는 영업 담당자들을 쉽게 볼 수 있다. 작은 휴대폰 화면에서 짧은 문자로 대화하는 데 익숙해져서 얼굴을 맞대고 오랜 시간 길게 대화하는 것은 어색하게 느껴지는 탓이다.

대화가 어려운 이유는 말뿐만 아니라 어조와 행동이 동시에 수반되기 때문이다. 영업 담당자의 의사전달에선 어조와 행동이 중요한 비중을 차지한다. 말은 정보를 전달할 뿐, 진정성과 정직성은 어조와 행동에서 드러난다. 제품이나 서비스에 대한 정보를 진정성 없는 표정과 단조로운 어조로 암기한 것을 외우듯 설명한다면 고객은 아무런 감동도 받지 못할 것이다.

그렇다면 어떻게 해야 진정성 있는 대면 미팅을 할 수 있을까?

고객과 만나는 상황을 영업이라고 생각하지 마라

아무 생각 없이 편하게만 만날 수는 없으니 학교 선배를 만난다고 생각하고 기본적인 예의를 갖추되 흥미로운 대화를 유도하자. 어떻게 하루하루 오직 판매만을 생각하며 살 수 있겠는가? 어깨에서 힘을 빼자. 무엇이든 불편한 일을 반복적으로 오랫동안 할 수는 없다.

영업의 초점을 판매에만 맞추지 말자. 이보다는 영업을 '상대방의 어려움을 해결해주고, 좀 더 나은 선택을 할 수 있도록 도와주는 일'이라고 생각을 바꿔보자.

현대인들은 결정해야 할 일이 너무 많아서 오히려 선택하는 것을 힘들어한다. 따라서 나를 물건 파는 사람이 아니라 상대방의 선택을 도와주는 상담가, 조력자라고 여긴다면 미팅이 훨씬 수월해질 것이다. 대화가 편안해지고 두려움 또한 사라질 것이다. 여전히 약간의 긴장감은 동반되겠지만 말이다.

경청하라

경청하기란 말처럼 쉽지 않다. 제대로 들으려면 먼저 상대방이 말하는 바를 제대로 이해해야 한다. 상대방은 내가 말을 잘못 알아들으면 금방 알아차린다. 그렇기 때문에 해당 산업의 기술, 관련 업종의 동향과 배경 등에 대한 사전지식을 쌓아두어야 한다. 앞서가는 전문가를 멘토로 삼아 조언을 듣는 것도 좋다.

자기 분야에서 전문가가 돼라

믿기지 않겠지만 현장에서 만나는 영업자 중에는 전문 지식을 제대로 갖춘 사람이 의외로 많지 않다. 미술관에는 미술 전문가, 부동산에는 부동산 전문가, 커피 전문점에는 커피 전문가가 있는 것처럼 영업 담당자는 자신의 분야에서 전문가가 되어야 한다. 내가 극찬해 마지않는 전문가는 교보문고 매장 직원들이다. 책 제목만 알려주면 머릿속의 데이터베이스를 훑어 순식간에 해당 도서가 어디 있는지 찾아준다. 얼핏 당연한 것 아니냐고 생각할 수도 있지만 다른 분야에서는 그렇지 않은 경우가 굉장히 많다.

세가지는 꼭 챙겨라

영업 담당자는 고객에게 한정된 시간 내에 최대한의 정보와 가치를 전달해야 한다. 고객은 항상 바쁘기 때문에 영업 담당자들의 말을 다 들어줄 시간이 없다. 이런 상황에서 제품 소개를 길게 늘어놓는다면, 고객은 머릿속으로 다른 생각을 하고 있을지 모른다. 고객과의 미팅 전에는 다음의 세 가지를 반드시 준비하자.

오늘 내가 꼭 얻어야 하는 정보 고객의 숨겨진 니즈, 진짜 애로 사항, 예산, 예상 구매 시기, 타 부서의 승인 여부 등 미팅 전에 궁금한 점들을 메모해놓았다가 반드시 물어보자.

> 부장님, 사내 메신저 서비스 도입건에 대해 다방면으로 고려중
> 이신 것으로 알고 있는데요, 혹시 실질적인 서비스 런칭 시점은
> 언제로 예상하시는지요?

오늘 내가 꼭 전달해야 하는 정보 형식에 유의하자. 우리 제품의 혜택, 편익, 가격뿐만 아니라 경쟁사 및 대체재에 대한 정보, 타 회사의 사례 등을 출력물, 태블릿 화면 혹은 구두로 전달할지 결정하고 그에 맞는 최적의 형식을 마련한다.

> 국내에 서비스되고 있는 거의 모든 경쟁 서비스들의 성능 비교
> 표를 만들어봤습니다. 검토하실 때 한번 참조해보세요.

오늘 미팅에서 합의할 사항 거창하지 않아도 된다. 일주일 후에 다시 만나자는 합의, 다음 달에 프레젠테이션을 진행하자는 합의, 견적서를 주고받자는 합의 등 작은 것이라도 좋다. 영업 상황에 맞게 목표를 정하되 아무런 합의 없이 미팅을 끝내선 안 된다.

> 개발팀 및 인사팀 등 유관 부서 매니저들을 대상으로 서비스 데모 시연을 꼭 연결해주세요. 이번 주나 다음 주 중 일정 잡아주시면 시간 맞추겠습니다.

이 중 꼭 한 가지를 선택해야 한다면 '오늘 미팅에서 합의할 사항'이다. 이는 미팅 목표 혹은 기대치라고 바꿔 말할 수도 있다.

오늘 미팅을 했다면 미팅이 끝난 내일은 상황이 달라져야 한다. 아무런 변화가 기대되지 않는 미팅은 의미가 없다. 고객을 재미로만 만날 수는 없다. 크든 작든 변화가 있어야 한다. 여기서 중요한 것은 '크든 작든'이다. 목표가 작아도 괜찮다. 오늘 미팅의 목표가 해당 고객에게 견적서를 전달하는 것일 수도 있고, 해당 고객과 식사 약속 잡기가 될 수도 있다.

단, 목표는 개인적인 것이어서는 안 된다. 해당 고객의 우선순위, 구매 프로세스 단계 혹은 영업 깔때기 단계 등에 따라 정해져야 한다. 이번 미팅에서 목표한 사항에 대한 합의를 이루고, 다음 미팅에서 또 그다음 목표를 이루면 된다. 영업은 그렇게 하나씩 하나씩 이어 나가는 것이다.

여기서 하나 잊지 말아야 할 것이 있다. 지금까지 준비한 것들은 모두 '나(영업 담당자)의 생각'이다. 고객의 니즈도 내가 판단한 것이고, 주고받을 정보도 내가 판단한 것이고, 미팅의 목표 또한 내가 판단한 것이다.

이런 기준에만 주목해 미팅을 진행했다가는 상대방과 전혀 다른 그림을 그릴 가능성이 크다. 고객이 생각하는 미팅의 내용과 목표를 알 수 있다면 좀 더 효율적인 미팅을 가질 수 있다.

이를 위해 가능하다면 어젠다와 미팅에서 논의할 내용을 고객과 사전에 공유하자. 최소한 미팅을 하기 이틀 전에는 고객에게 관련 내용을 담은 이메일을 보내는 것이 좋다. 이를 통해 미팅에서 다룰 내용의 얼개를 보여주는 것이다. 내용이 구체적일 필요는 없다. 개괄적으로 언급하는 것이 나을 수도 있다. 다만 미팅 내용에 대해 고객의 의사를 묻는 질문을 던지는 것을 잊지 말자. 이 정도만 정성을 보여도 웬만한 고객은 매우 성실하게 답한다. 사전에 이메일을 보내는 영업 담당자가 많지 않을 뿐더러, 미팅 준비를 꼼꼼히 하고 있다는 인상을 줄 수 있기 때문이다.

고객이 단답형 회신을 보내더라도 실망하지 말자. 그것만으로도 미팅에 도움이 되는 사전 힌트를 얻은 셈이다.

대면 미팅 2 약속 시간은 반드시 지켜라

다양한 성격만큼이나 약속을 대하는 태도도 사람마다 각양각색이다. 내 친구 중 약속을 칼처럼 잘 지키는 사람이 있다. 그 친구를 만날 때는 나도 최대한 빨리 나간다. 만약 약속에 늦기라도 하면 괜히 미안해져 밥이라도 사야 마음이 가벼워진다. 전혀 다른 스타일도 있다. 내가 만난 고객 중에는 약속 시간을 30분 정도는 예사로 어기는 사람들도 있었다. 게다가 이를 너무 당연하게 여겨 약속 시간에 늦었음을 지적하는 내가 지나치게 깐깐한 사람처럼 느껴질 정도였다.

개인적인 관계에서야 생긴 대로 살아도 그만이지만, 업무 약속이라면 반드시 시간을 지켜야 한다. 약속 시간을 지키는지 여부를 신용의 잣대로 보는 사람들이 많기 때문에 부득이하게 늦었다면 당연히 사과부터 해야 한다. 그런데 비즈니스 관계에서 사과한다는 건 처음부터 지고 들어가는 것이나 마찬가지다. 게다가 약속 시간에 늦으면 마음이 급해져 정작 중요한 안건에 소홀해질지도 모른다.

가능하다면 약속 시간 30분 전에 미팅 장소로 나가자. 영업 담당자들은 하루에 많게는 다섯 번 이상 미팅을 잡기도 하는데, 그러다 보면 계속 시간이 밀리는 경우가 있다. 애초에 약속을 잘 잡으면 될 것 아니냐고 하겠지만, 고객이 급하게 찾는 경우도 있어서 좀처럼 마음대로 되지 않는다. 사정이 어떻든 간에 시간 관리를 잘해서 약속만큼은 꼭 지키자.

스마트폰, PC, 태블릿 등에 연동할 수 있는 구글 캘린더 등 기계적 수단을 이용하는 것도 좋다. 특히 구글 캘린더는 일정을 고객이나 동료와 공유할 수 있어 유용하다. 이밖에 문자 메시지를 통해 상대방의 기억을 환기시킬 수도 있다. 문자 알림은 상대방이 출근해서 주변을 정리하고 잠시 숨을 돌리는 시간인 아침 9시에서 10시 사이에 보내는 것이 효과적이다.

오후 늦은 시간에 미팅이 있다면 점심시간에 보내는 것도 방법이다. 다만 고객과 친밀한 사이가 아니라면 카카오톡 등 메신저로 연락하는 것은 피하자. 사람에 따라 메신저를 개인적인 용도로만 쓰는 경우도 있기 때문이다. 이성 고객일 경우에는 특히 조심해야 한다. 문자 메시지를 이용한다면 전송 버튼을 누르기 전에 5초 정도 여유를 두고 다시 한번 내용을 확인하자. 간혹 실수로 엉뚱한 사람에게 메시지를 보내거나, 적절치 못한 메시지를 보내는 경우도 있다.

대면 미팅 3 유능한 영업 담당자의 미팅 노하우

유능한 영업 담당자는 가급적 적게 말한다

과거에는 영업 담당자의 자질을 논할 때 설명이나 설득이라는 단어를 사용했으나, 언젠가부터 프레젠테이션Presentation이란 용어가 흔히 쓰이고 있다. 최근에는 피치Pitch라는 말이 언급되곤 한다. 피치는 엘리베이터 피치Elevator Pitch나 로켓 피치Rocket Pitch처럼 상품, 상품의 가치에 대한 빠르고 간단한 요약 설명을 말한다.

'구구절절한 설명은 구글에 다 있다'는 말처럼 인터넷을 조금만 뒤적이면 관련 정보가 쏟아져 나오고 소비자의 주체성과 자존심이 강조되는 시대이다 보니 무작정 쏟아내는 설명에 설득당하는 고객은 찾아보기 어렵다. 한가하게 프레젠테이션을 받고 있을 여유도 없다. 모든 것이 빨라지고 짧아지는 세상에서는 영업 담당자도 말을 줄여야 한다.

말을 줄여야 하는 이유는 또 있다. 번드르르하게 차려입고 청산유수로 말 잘하는 사람보다 옷차림도 허술하고 말도 어눌하게 하는 사람 중에 은근히 영업왕이 많다는 말을 들어보았을 것이다. 사람은 누구나 자기보다 잘난 사람을 별로 좋아하지 않는다. 지식 자랑을 해봐야 마이너스가 될 뿐이다. 누군가는 이렇게 반론할지도 모른다. 영업의 최전선인 TV홈쇼핑을 보면 쇼 호스트가 정말 말을 많이 한다. 그런 것을 보면 말을 많이 해야 잘 팔리는 것 아닐까?

일반 영업 현장에서 홈쇼핑 방송처럼 하면 절대 안 된다. 홈쇼핑은 수많은 잠재고객들이 리모컨으로 채널을 돌려버리는 일을 막는 것을 제1의 목적으로 한다. 시장에서 꽹과리와 풍악을 울려 지나가는 행인을 붙잡아두는 것과 같은 이치다. 일단 붙잡아둔 상태에서 방송 시간에 각종 사은품과 무이자 할부 혜택을 제공하고 동시에 국내 최저가라고 유인하면 충동적으로 사고 싶은 생각이 들 수도 있다. 홈쇼핑은 지극히 짧은 방송 시간에 영업의 성패가 갈린다. 오랜 시간 투자해야 하는 현장 영업과는 당연히 다를 수밖에 없다. 혹시라도 영업 입문자들이 영업은 저렇게 해야 하는구나 하고 잘못 생각할까 봐 노파심에 짚고 넘어간다.

다시 한번 강조하지만, 유능한 영업 담당자는 말을 줄이고, 대신 머리 회전과 행동은 적극적으로 한다. 말은 줄이되 의자는 끌어당겨 앉고, 적극적인 자세로 눈을 크게 뜬다. 상대방을 진지하게 바라보고 적극적으로 질문한다. 쓸데없이 날씨 얘기나 세상 돌아가는 얘기로 시간을 낭비하지 않는다. 소위 공감대를 형성해야 한다는 말을 많이 하는데 이는 2~3분이면 족하다. 이 말은 서로간의 친밀성과 신뢰성을 높이라는 얘기지 잡담을 늘어놓으라는 말이 아니다.

상대의 말투나 행동 등을 살짝살짝 따라해 보는 것도 효과적이다

다양한 고객을 만나다 보면 나와 맞는 고객도 있지만 맞지 않는 고객도 있다. 그런데 고객은 논리적인 판단을 통해서만 제품을 선택하지 않는다. 때로는 영업 담당자에 대한 호감이 구매 원인이 되기도 한다. 따라서 영업 담당자는 자신의 개성을 너무 진하게 드러내지 않는 편이 좋다. 개인적인 성향이 자유분방하건 외골수이건 상관없지만, 영업에 임할 때만큼은 하얀색 도화지가 되도록 노력해보자.

스펀지가 되어도 좋다. 이게 무슨 말일까? 사람은 누구나 자기와 비슷하거나 익숙한 사람에게 끌린다. 상대방의 앉은 자세대로 앉아보고, 말하는 속도나 제스처도 따라해 보자. 너무 티가 나면 안 된다. 여기서는 '살짝살짝'이 중요하다. 상대방을 따라하면 적어도 손해는 보지 않을 것이다.

유능한 영업 담당자는 '따라 말하기'를 한다

고객의 메시지를 '나의 언어'로 따라해 보는 것도 효과적이다. 가령, 고객이 "우리는 이 프로젝트를 연내 끝마쳐야 할 것 같습니다"라고 말하면 "이 프로젝트를 4개월 안에는 마쳐야 하는 거군요?"라고 되묻는다.

따라 말하기는 미팅에 있어서 꽤 유용한 기술이다. 우선 커뮤니케이션 오류를 막아준다. 상대방의 말을 잘못 이해하는 것은 매우 흔히 벌어지는 일이다. 분명히 한자리에서 오랫동안 이야기를 나눴는데 나중에 알고 보니 전혀 딴 얘기를 할 때가 있다. 나의 언어로 다시 말하기는 이를 미연에 방지해준다.

다음으로 재확인은 고객을 안심시켜준다. 따라 말하기는 자신의 이야기를 제대로 이해했는지 그 자리에서 바로 확인할 수 있게 해준다. 이때 상대방의 언어나 말투를 너무 비슷하게 따라하면 자칫 장난친다고 오해를 살 수 있으니 유의하자. 나의 언어로 따라하는 것이 중요하다.

유능한 영업 담당자는 모르는 것은 모른다고 말한다

경험이 많지 않은 사람일수록 말이 많다. 침묵에 익숙해져야 한다. 침묵을 견디는 자가 협상에서 유리한 조건을 얻어낼 수 있다. 고객이 모르는 것을 물어보더라도 당황할 필요 없다. 잘 모르겠으니 돌아가서 바로 확인해보겠다고 하면 된다. 중요한 것은 알아보겠다고 했으면 돌아가서 진짜로 알아보고 빠른 시간 내에 피드백을 줘야 한다는 것이다.

그런데 실제로 알아보고 피드백을 주는 사람이 생각보다 많지 않다. 불성실해서 그런 게 아니다. 모른다고 하는 부분은 대개 그 분야의 지식이 부족해서 제대로 이해하려다 보면 시간이 오래 걸리거나 노력이 많이 필요하게 마련이다.

그러다 보니 업무에 치이다 보면 모르는 것은 계속 모르는 상태로 남게 된다. 유능한 영업 담당자는 고객이 묻는 것을 철저히 공부해서 지식을 보충한다. 업무상 우선순위가 더 높은 일들도 많겠지만 별도로 시간을 내서 자세히 알아보고 가급적 빨리 피드백을 주는 것이 좋다.

대면 미팅 4 직설적으로, 개방적으로 질문하라

질문에도 질이 있다. 좋은 질문은 좋은 답을 끌어낸다. 질문의 질은 대부분 해당 산업과 솔루션에 대한 지식에서 나온다. 고객이 해당 산업에서 선발주자인지 후발주자인지, 경쟁사들은 주로 어떤 방향으로 움직이고 있는지, 고객의 비즈니스 방향과 그에 부수되는 장애물은 무엇인지 미리 파악하고 질문을 준비한다. 사전 지식을 통해 물어볼 것들을 정리했다면 이를 효과적으로 전달해야 한다.

유능한 영업 담당자는 직설적으로 질문한다

경험이 풍부하지 않은 영업 담당자들은 직접적으로 물어보는 것을 굉장히 어려워한다. 예전에 고객 미팅을 다녀온 팀원과 이야기를 나눈 적이 있다. 배경은 이랬다. 고객은 우리 서비스가 필요했는데, 담당자가 개인적으로 우리 브랜드를 선호했다. 2주쯤 전에 보낸 우리 측 제안서도 마음에 들어 했다. 그런데 경쟁사와 비교 견적을 받아보았더니 가격 차이가 있었다. 우리 서비스가 비쌌다. 그래서 내부적으로 구매 여부를 놓고 고민이 많다고 했다.

"김 대리, 고객 미팅 결과는 어땠어요?"

"네, 고객사 반응은 나쁘지 않았습니다. 그런데 저희 제품 가격이 좀 비싸다고 합니다."

"경쟁사 서비스가 많이 싼가 보네요. 고객사에 책정된 예산은 얼마라고 하던가요?"

"예산요? 그건 모르겠습니다. 아무튼 경쟁사가 저희보다 저렴하다는 말을 들으니 더 이상 미팅을 진행하기 힘들었습니다."

"경쟁사는 얼마나 저렴하게 견적했지요?"

"거기까진 안 물어봤습니다."

"김 대리, 고객의 예산도 모르고 경쟁사의 가격도 모른다면, 우리 서비스가 비싸다는 건 어떤 근거에서 하는 말인가요? 고객사와 다시 미팅을 잡아보세요. 질 때 지더라도 납득할 만한 합당한 이유가 있어야 합니다."

비싸다는 반응은 하나가 빠진 반응이다. 무엇보다 비싼가 알아야 깎아줄 수도 있다. 도대체 경쟁사에 비해 얼마나 비싼 건지, 또 관련 예산이 얼마나 책정되었는지 물어봐야 한다. 아무리 예민한 문제라도 우회적으로 은근히 돌려 물어보지 말고, 단도직입적으로 질문하라.

유능한 영업 담당자는 개방형으로 질문한다

개방형으로 물어봐야 짧은 단답형 대답을 피할 수 있다. 폐쇄형 질문은 '예, 아니요' 같은 답변을 유도하기 때문에 대화를 중단시키게 마련이다. 대화가 중단된 뒤 다른 질문을 던져봐도 또 다른 단답형 대답이 이어질 뿐이다.

이렇게 되면 미팅은 산만해지고 제대로 된 정보를 얻을 수 없다. 더군다나 폐쇄형 질문은 수사관이 피의자를 신문한다는 느낌을 주어 상대를 불쾌하게 만들 수도 있다.

개방형으로 질문하는 것은 어렵지 않다. 간단히 말하면 왜Why, 어떻게How, 무엇What으로 물으면 된다. 다만 한 가지 유의할 것이 있다. 개방형으로 질문할 경우, 상대방이 답하기 어려운 주제가 있다. 가령 "제품을 고를 때 무엇을 중요하게 생각하시나요?"라고 물으면 가격, 품질, 서비스, 디자인, 배송 등 모든 요소가 다 중요하므로 답하기가 막연하다. 그러니 개방형으로 질문하되 "품질이 똑같으면 어떤 기준으로 제품을 고르나요?"라는 식으로 어느 정도 질문을 구체화하는 게 좋다.

유능한 영업 담당자는 '우리를 선택하지 않을 이유'를 묻는다

고객은 원래 티를 잘 내지 않는 법이다. 영업 담당자가 고객의 비하인드 니즈를 파악하려고 해도 집요하게 물어보지 않는 이상 시시콜콜 대답해주지 않는다. 어쩌면 여러 경로를 통해 이미 힌트를 주었는데 영업 담당자가 눈치채지 못했을 수도 있다. 이런 경우를 방지하기 위해 이런 질문을 던져보자.

"만약에 고객님이 저희 제품을 선택하지 않는다면, 그 결정적인 이유는 뭘까요?"

이 질문의 답이 가장 큰 걸림돌이자 동시에 중요한 구매 요인이다. 이를 모른다면 전혀 엉뚱한 제안서와 견적서를 제출할 수도 있다. 물론 고객이 "글쎄요, 뭐 그건 종합적으로 판단해야겠죠"라고 대충 답변할 수도 있지만, 그렇더라도 한 번 더 확인해보자. 이런 식으로 말이다.

"그래도 그중에서 하나만 꼽으라면 뭘까요?"

약간 비위를 맞춰주는 것도 방법이다. 이런 질문이 상대방에게 불쾌하게 느껴질 리 없다. 이 회심의 질문은 고객과의 상담이 어느 정도 진척되었을 때, 즉 미팅의 후반부에 슬그머니 던지는 것이 좋다.

전혀 생각하지 못한 답변을 들을지도 모른다.

02
—
유능한 영업 담당자의
제안서 쓰기

Q : 제안서는 어떻게 작성해야 하나요?

A : 제안서를 잘 쓰는 방법을 딱 떨어지게 정리하기는 어렵습니다. 제안서를 검토하는 사람의 성향이 저마다 다르기 때문이죠. 그러나 잊지 말아야 할 것이 있습니다. 고객의 언어로 작성해야 합니다. 우리의 언어로 작성된 제안서를 그대로 보내면 절대 안 됩니다. 그런데 여전히 많은 회사들이 이런 실수를 저지릅니다.

언어뿐만 아니라, 내용도 마찬가지입니다. 사업적인 측면에서 고객에게 어떤 이득이나 혜택이 있는지, 고객(사)의 현재 상황에 비추어서 무엇이 어떻게 변화하는지 정리해야 좋은 제안서입니다.

고객 입장에서 쓰자

고객과 미팅을 마치고 나면 다음은 제안서를 작성할 차례다. 제안서는 영업의 운명을 가르는 중요한 자료다. 영업 담당자가 가장 공을 들이는 단계가 바로 제안서 작성이다. 제안서는 업종, 회사마다 방식이나 내용이 천차만별이다. 어떤 회사는 간단한 제품 소개 위주로 작성하는가 하면, 시스템 통합System Integration, SI 회사는 수백 쪽에 달하는 방대한 양의 기술 제안서를 준비하기도 한다. 이미 마련되어 있는 표준 제안서를 표지와 로고만 바꿔서 보내는 경우도 있다. 장기 프로젝트의 일환으로 주기적으로 제안서를 작성하기도 한다.

아무리 간단한 제안서라도 작성하기 위해서는 시간이 필요하다. 직장인이라면 누구나 제안서를 쓰느라 야근을 한 번쯤은 해보았을 것이다. 이미 미팅에서 필요한 부분을 모두 설명했고, 상호간에 어느 정도 공감대가 형성되었는데 왜 문서 형식의 정리된 제안서가 필요한 것일까? 그리고 우리는 왜 제안서를 작성하는데 이처럼 공을 들이는 것일까?

상부에 보고하기 위해서다

보통 의사결정자는 첫 미팅에 참석하지 않는다. 의사결정자는 주로 미팅에 참석한 실무자의 보고를 받고 결정을 내린다. 따라서 미팅에 참석한 담당자는 어떻게 하면 의사결정자에게 잘 보고할까 고민하게 된다.

유능한 영업 담당자라면 미팅 상대방이 자신의 상사에게 제안 내용에 대해 명쾌하게 보고할 수 있도록 도와주어야 한다. 센스를 발휘해서 물어보자. 상사가 어떤 성향인지, 무엇을 좋아하는지, 어떤 항목을 중시하는지, 추구하는 비즈니스 콘셉트는 무엇인지 등을 사전에 파악해 제안서를 작성하면 실무자의 좋은 조력자가 될 수 있다.

오해하지 마라. 상대방을 이용하라는 뜻이 아니다. 가능한 선에서 잘 활용하란 의미다. 경험이 풍부하지 않은 영업 담당자는 이 부분이 미숙해서 미팅에 나온 실무자만 바라보고 영업을 한다. 그러나 어느 회사를 가더라도 내표이사가 아닌 이상 모든 직장인에게는 상사가 있다. 그리고 부하직원들은 상사가 좋든 싫든 그의 성향과 정책을 따를 수밖에 없다.

관련 부서에서 회람하기 위해서다

제안서가 필요한 두 번째 이유는 (상사에게 보고하는 것에 비해서는 수평적이지만) 의사결정에 관련 있는 제3자와 정보를 공유하기 위해서다. 조직이 클수록 중요한 프로젝트는 여러 부서가 함께 검토하게 마련이다.

예를 들어, 새로운 IT 솔루션을 도입할 경우 사업을 주도적으로 이끌고 나가는 것은 기획팀이나 사업단이다. 하지만 실무 진행은 IT팀에서 하기 때문에 해당 부서의 지지를 받지 못하면 일이 진척되기가 당연히 어렵다.

대체적으로 어느 정도 규모를 갖춘 고객사의 담당자는 영업 담당자로부터 제안서를 받으면 그것을 관련 부서에서 회람하도록 한다. 따라서 제안서를 작성하고 제출할 때는 단순히 고객 담당자 한 사람만 바라보고 작성하면 안 된다.

제안서의 구성 역시 부서별 혹은 이해당사자별로 구분되어야 한다. 어떤 부서나 이해당사자가 회람 받을 것인지 확실치 않다면 주저하지 말고 미팅했던 담당자에게 물어보자.

면접에서 설득 당하지 않기 위해서다

첫 미팅만으로 영업 담당자를 신뢰하게 되는 사람이나 조직은 없다. 해당 산업에 대한 풍부한 지식을 가진 솔루션 제공자로서 입지를 다지려면 어느 정도 숙성의 시간이 필요하다.

신뢰가 다져지기도 전에 영업 담당자가 현혹하려고 내뱉는 미사여구를 듣고 싶어 할 사람은 없다. 충분한 정보를 습득하기 전에 영업 담당자에게 설득 당하고 싶어 하는 이도 없다. 그보다는 필요한 정보를 간결명료하게 듣고 싶어 한다.

그래서 미팅 때는 제한된 정보를 주고받고 본격적인 정보는 문서를 통해서 얻는다. 이는 효율적이지 않아 보이지만 신뢰가 충분히 쌓이지 않은 관계에서는 당연한 반응이다. 특히 신중한 고객을 앞에 두고 미팅 때 너무 많은 에너지를 쏟을 필요는 없다. 진짜 승부는 제안서에서 결정된다. 판사들이 공소장이라는 문서를 통해 사실 관계를 파악하듯, 신중한 고객은 제안서라는 문서를 통해 비교우위를 판단한다.

나중에 보기 위해서다

영업 우선순위를 판가름하는 세 가지 요소는 니즈, 예산, 시간이다. 이 중에 시간이 가장 중요하다. 고객이 우리 제품을 원하지만 3년쯤 후에나 필요하다면 지금부터 대응하기는 현실적으로 힘들다.

중요하지 않아서가 아니라 그것 말고도 급한 일들이 아주 많기 때문이다. 쉽게 말해, 이들은 앞서 언급한 영업 깔때기의 ToFu 중에서도 아주 멀리 높이 있는 ToFu에 해당하는 고객이다. 이들에게는 구체적인 제안서를 제시하기도 어렵다. 3년 후의 니즈를 지금 당장 파악한다는 건 거의 불가능한 일이다. 이 경우, 이미 성공한 고객 사례를 여러 유형별로 제공하는 게 낫다.

공식화하기 위해서다

제안서는 일종의 작업 명세서 역할을 한다. 그래서 고객은 제안서를 중요한 판단 근거로 여긴다. 고객의 입장에서는 구두로 듣는 가능성보다는 문서화된 가능성을 약속받는 편이 훨씬 안심된다. 법적 구속력을 떠나 무엇이든 공식화하는 게 유리하다고 생각한다.

여기서 하나 조심할 부분이 있다. 영업 담당자는 제안서에 가능한 옵션을 모두 담으려고 하는 경향이 있다. 이는 자칫 오해를 불러올 수 있다. 제안서대로 일이 진행되지 않을 경우 고객이 자신을 속였다고 생각할 수도 있기 때문이다.

유능한 영업 담당자의 제안서 작성 노하우

제안서를 작성할 때는 여러 변수를 모두 따져야 한다. 파는 사람 입장에서는 제품의 가치를 다양한 측면에서 증명하려고 한다. 하지만 고객이 우선적으로 보는 요소는 가격이다.

이처럼 양측의 시각이 다르기 때문에 제안서를 통해 이런 차이를 좁혀야 한다. 가치와 이익이 오해 없이 전달되도록 서로간의 간극을 메워야 하는 것이다. 사업적인 측면에서 고객이 어떤 이득이나 혜택을 취할 수 있는지, 기술적인 측면에서 얼마나 많은 효용을 얻을 수 있는지, 현재 수준에서 무엇이 어떻게 변화할지 보여주자. 즉, 제안서에는 의미, 가치, 혜택, 장점이 명확하게 담겨야 한다. 제안서에 담을 내용을 정했다면 이제 이를 형식과 문장으로 구현하면 된다.

유능한 영업 담당자는 짧고 간결하게 쓴다

캘로그 경영대학원 크레이그 워트만 교수는 영업 담당자는 제품이나 서비스에 대한 설명을 이른바 세일즈 트레일러Sales Trailer처럼 말할 수 있어야 한다고 주장했다. 세일즈 트레일러는 쉽게 말해 영화 트레일러Movie Trailer, 즉 영화 예고편이라고 생각하면 된다. 알다시피 영화 예고편은 2~3분 정도로 짧다. 그러나 눈길을 사로잡는 장면, 의미심장한 독백, 궁금증을 자아내는 대사, 기대감을 높여주는 자막

스크립터로 영화 본편에 대한 기대감을 최대한 높이는 역할을 한다.

워크만 교수는 제안서를 작성하는 방법에 대해서도 조언했다. 제안서는 너무 심각해선 안 된다. 제안서를 받아든 고객사의 실무자는 지루하고 평범한 직장 생활 속에서 단비 같은 재미를 원할지도 모른다. 그렇다고 재미만 추구하란 뜻이 아니다. 바쁜 고객의 눈길을 사로잡을 수 있도록 간결하면서도 인상 깊은 제안서를 작성하란 뜻이다.

처음 제출하는 제안서라면 10페이지 내외로 구성하면 충분하다. 단, 각각의 내용에 대한 상세 자료를 별도로 준비한다. 제안서는 짧고 간결하게 쓰되, 제품이나 서비스에 대해 추가로 제공할 다양한 백서를 준비해두자.

유능한 영업 담당자는 고객 성공 사례를 활용한다

고객 성공 사례를 활용하는 것은 언제 어느 고객에게나 통하는, 강력 추천하는 방법이다. 고객은 주장보다는 검증된 사례를 신뢰한다. 우리 제품이 최고라는 말은 주장이지만, 성공한 고객 사례는 팩트Fact다. 기업 고객이 고객 사례를 중요한 판단 기준으로 삼는 것은 일종의 관행이다. 일반적으로 기업의 의사결정권자들은 선택할 때 보수적인 태도를 취하는 경향이 있다.

쉽게 말해, 같은 값이라면 고객 사례가 풍부한 기업을 선택한다. 규모가 작거나 업력이 쌓이지 않은 회사를 선택했다가 일을 그르치면

"그것 봐. 큰 회사와 계약했어야지"라는 소리를 들을지도 모른다. 하지만 큰 회사를 선택했다가 일을 그르치면 "큰 회사가 해도 안 되는 거였네"라고 쉽게 수긍하는 모습을 보이는 식이다.

따라서 스타트업은 일방적으로 주장을 내세우기보다는 작은 성공 사례라도 있으면 이를 잘 정리해서 비즈니스 경험, 운영 능력을 검증받아야 한다. 앞에서도 설명했지만 이런 이유로 스타트업은 처음부터 큰 규모의 거래를 노리기보다는 작은 성공 사례를 쌓는 것이 좋다.

혹시 기존 고객이 있다면 당장 연락해서 고객 사례집을 만드는 것을 도와달라고 부탁하라. 새로 계약하는 고객이 생긴다면 계약서에 고객 사례집을 작성하는 데 협조해달라는 조항을 삽입하는 것이 좋다. 이렇게 하면 나중에 별도로 허락을 받는 번거로운 과정을 거치지 않아도 된다.

유능한 영업 담당자는 제공하지 않는 것들을 명시한다

거래의 성사만큼 사후 처리도 중요하다. 영업에 전념하다 보면 간과 쓸개까지 다 빼놓더라도 거래를 성사시켜야 한다는 강박증이 생기곤 한다. 그러다 보니 감당할 수 없는 영역이나 수준까지 모두 다 제공할 수 있다고 부풀려서 제안하는 경우가 있다.

예를 들어, 제품 사양서에는 없는데 고객사에서 앱이나 웹 형태의 서비스를 추가로 제공해달라거나, 맞춤 제작을 해달라고 요청하는 경우가 있다. 인력이나 제반 여건이 뒷받침된다면 상관없지만 거래를 성사시키기 위해 무작성 이런 요구를 받아들였다가 나중에 이를 지키지 못할 경우 어렵게 쌓은 신뢰마저 잃어버릴 수 있다.

이런 사태를 방지하려면 사전에 '제공하지 않는 것들'을 명시해야 한다. 가령 회계사에게 세금 처리 업무를 맡겼다고 치자. 그러면 회계사는 기본적인 기장이나 세금 처리 업무를 해준다. 혹시 고객사와 세금 처리 방식에 관해 이견이 생겼다면 전화상으로 조언을 청할 수는 있다. 그런데 국세청의 세무조사를 받느라 회계사에게 도움을 요청한다면 그때는 별도의 비용을 지불해야 한다.

같은 이치다. 특히나 빠른 속도로 변화하는 IT 기술을 기반으로 한 서비스의 경우, 시간이 흐르면서 여러 가지 문제가 발생할 수 있다. 이때 제공하지 않는 것들을 명시하지 않으면 고객은 모든 문제를 다 해결해줄 거라고 기대하게 될지도 모른다. 자칫 사후 처리를 하다가 다른 고객을 만날 시간까지 쏟아부어야 할 수도 있다. 특히 우리나라처럼 A/S, 교육 등에 가격을 매기는 데 인색한 비즈니스 환경이라면 더욱 조심해야 한다.

유능한 영업 담당자의 프레젠테이션 노하우

영업에서 프레젠테이션은 크게 두 가지 경우로 나뉜다. 고객에게 제품을 설명하기 위해 프레젠테이션을 하는 경우와 공개 입찰을 위해 프레젠테이션을 하는 경우다.

입찰의 경우, 경쟁사가 있더라도 우리에게 할당된 시간만큼은 오롯이 우리의 색깔을 선명하게 드러낼 수 있는 좋은 기회다. 경쟁 상황은 아니더라도 최종적으로 의사결정권자의 판단을 묻기 위해 프레젠테이션을 진행하기도 한다. 이때는 의사결정권자의 성향이나 판단이 성패를 좌우한다.

프레젠테이션은 일반적인 비즈니스 상황에서도 큰 영향을 미칠까? 그렇다. 업종에 따라 프레젠테이션을 자주 하는 곳이 있고 그렇지 않은 곳은 있지만, 일단 프레젠테이션이 잡히면 다른 일은 접어두고 매일 연습하고 대비해야 한다. 특히나 스타트업의 경우, 영업 상황 말고도 투자 유치를 위한 피치도 종종 있으니 기본적인 사항을 익혀두면 좋다.

유능한 영업 담당자는 스크린을 보지 않는다

프레젠테이션의 개념부터 새롭게 정립하자. 프레젠테이션은 마이크로소프트의 소프트웨어 파워포인트PowerPoint를 가리키는 말이 아니다. 파워포인트는 프레젠테이션을 도와주는 일종의 부가 서비스일 뿐이다. 빔 프로젝터나 노트북이 없더라도 프레젠테이션을 하는 데 아무런 지장이 없어야 한다. 과장처럼 들릴 수도 있지만 스크린의 저주에 빠진 영업 담당자들이 너무 많기에 이렇게 극단적으로 말하는 것이다.

프레젠테이션은 잘 짜인 스토리텔링을 효과적으로 전달해 청중의 관심을 끌어내고 긍정적인 피드백을 받기 위한 일련의 활동이다. 고객의 반응을 살피려면 고객을 보고 있어야 한다. 그런데 그 소중한 시간에 스크린이나 쳐다보고 있다면 결과는 보나마나 뻔하다. 누군가는 의아해할지도 모르겠다. 스크린을 보지 않는다면 그 많은 슬라이드를 다 외워야 한단 말인가?

그렇다. 전부 다 외워야 한다. 30장의 슬라이드를 발표한다면 30장의 슬라이드를 하나의 줄거리로 연결시켜 하나의 이야기처럼 체화시켜야 한다.

'스크린을 절대 보지 않겠다'는 마음가짐으로 발표를 준비하자. 이 정도가 되려면 자신의 분야에 대해 전문적인 실력을 갖춰야 한다. 회사의 기획, 마케팅, 개발부서가 작성해준 기획서, 제품설명서를 외워서는 이 단계까지 올라설 수 없다. 평소에 제품이나 서비스에 대해 전문가 수준으로 숙지하고 공부해두어야 한다. 그렇지 않으면 발표 후 질의응답 시간에 세부적인 질문이 쏟아질 때, 곧바로 밑천이 드러나고 만다.

유능한 영업 담당자는 동영상으로 연습한다

프레젠테이션을 할 때는 안정감 있는 자세가 무엇보다 중요하다. 그런데 의외로 많은 사람들이 자신의 몸을 제대로 가누지 못한다. 불필요한 동작이 너무 많거나, 시선이 여유롭지 못하고 불안하게 계속 주위를 두리번거린다. 좌측, 가운데, 우측, 가운데, 좌측으로 차례대로 시선을 돌리며 관중을 바라봐야 하는데 망부석처럼 한 곳만 뚫어지게 쳐다보는 이들도 있다. 관중을 바라보지 않는 발표자는 불안해 보이거나 자신감 없게 느껴진다. 신뢰성이 떨어지는 건 당연지사다.

손을 너무 많이 움직이거나, 자주 머리를 쓸어 넘기거나, 코를 만지는 것도 자제해야 한다. 허리춤을 추킨다든지, 헛기침을 하는 것도 피하는 것이 좋다. 방향성 없이 이리저리 춤추는 것처럼 움직이는 것도 자제하자. 잠깐 동안 군인 장교라고 상상해보는 것도 좋은 방법이다. 딱딱하게 경직돼 있으라는 말이 아니다. 산만하게 보이지 않도록 행동을 단정히 하자는 뜻이다.

유능한 영업 담당자는 슬라이드당 여섯 줄을 넘기지 않는다

스티브 잡스처럼 슬라이드를 그림으로만 채우거나 궁금증을 유발시키도록 숫자만 나오게 만드는 건 개인의 취향이다. 어찌 됐든 간에 스크린에 텍스트를 여섯 줄 이상은 넘기지 않는게 좋다.

간혹 텍스트를 지나치게 많이 사용한 프레젠테이션을 접할 때가 있다. 이런 것은 청중이 아닌 자신이 텍스트를 보기 위한 경우로, 해당 내용을 제대로 숙지하지 못했음을 보여주는 증거나 다름없다. 혹은 스크린에 보이는 텍스트만큼 열심히 준비했다는 것을 내세워 근면 성실함을 인정받으려는 얄팍한 수일 수도 있다. 하지만 너무 많은 정보는 사람들을 혼란스럽게 하고 메시지를 흐트러트릴 뿐이다. 텍스트가 많은 스크린을 보는 것은 마치 초스피드로 읽어대는 케이블 TV의 보험 광고를 보는 것과 흡사할 정도로 사람들에게 스트레스를 준다.

　내용을 충분히 숙지한 발표자는 스크린을 볼 필요를 느끼지 않는다. 마찬가지로 전달할 메시지가 분명하다면 여섯 줄 이상의 텍스트는 필요 없다.

03
—
유능한 영업 담당자의
가격 전략

Q : 제품(서비스)의 가격을 어떻게 책정하면 좋을지 막막합니다. 적정 가격을 알아낼 수 있는 좋은 방법이 있을까요?

A : 가격이란 소비자의 구매 행동에 대한 이해를 바탕으로 해야 합니다. 소비자들은 제한된 조건과 환경에서 최대치의 만족을 얻고 싶어 합니다. 그 말은 구매 여정에서 합당하다고 여겨지는 제품에는 지출을 하지만 그렇지 않다면 절대 지갑을 열지 않는다는 뜻입니다. 따라서 가격을 정할 때는 소비자의 소구 포인트를 정확하게 찾아내고 이에 입체적으로 접근해야 합니다. 제품의 성격, 소비자 분석을 통해 가격을 분산시키거나 다양화하는 전략을 고려해 보세요.

고정된 가격은 없다

자, 이제 제안서에서 가장 중요한 부분인 가격 책정에 대해 살펴보자. 가격은 제품만큼이나 중요하다. 아니, 가격이 곧 제품과 동일어인 경우도 있다.

가격은 어떻게 정해야 할까? 어떻게 해야 가격을 합리적이고 효과적으로 정할 수 있을까? 가격을 잘 정하기 위해서는 우선 자신이 공략하려는 산업에 대해 제대로 알아야 한다. 남보다 뛰어난 지식과 경력으로 해당 산업에 대해 많이 알고 있어야 한다. 애견 산업을 사업 아이템으로 정한 창업자가 반려동물을 단 한 번도 키워보지 않았다는 이야기를 들은 적이 있다. 그의 사업은 어떻게 됐을까? 당연히 해당 제품이나 서비스의 이해도가 떨어져 가격을 제대로 정하지 못했다. 반려동물 사업을 하겠다면 최소한 반려동물의 사료를 사보고, 애견 호텔에 강아지를 맡기면서 관련 업종의 전체적인 가격 수준을 본능적으로 알고 있어야 한다. 그러면 어느 정도의 가격이 적당한지 자연스럽게 알 수 있다.

하지만 사업의 특성상 관련 경험이 없을 수도 있다. 이때는 MVP_{Minimun Viable Product}를 가지고 끊임없이 A/B테스트를 하는 수밖에 없다. 완벽하지는 않지만 핵심 기능이 포함된 제품이나 서비스로 당장 공략 가능한 작은 시장에서 일단 판매를 해본다. 같은 제품을 두 가지 서로 다른 가격으로 팔아보고 더 많이 팔리고 더 적게 팔리는 이유를 조사한다.

동일한 가격이지만 기능이 약간 다르게 구성된 제품을 팔아보고 결과를 분석한다. 이처럼 시행착오를 겪는 과정에서 합리적인 가격이 도출될 것이다.

그런데 이보다 더 중요한 사실이 있다. **가격은 고정적인 게 아니다. 경험이 풍부하지 않은 창업자들의 특징 중 하나는 가격을 너무 단정적으로 정한다는 것이다.** 가격은 의외로 단순하지 않다. 일상에서 우리는 가격에 대해 그저 싸다, 비싸다고만 말하는데, 싸고 비싼 것의 기준은 정말 모호하다. 서비스들이 워낙 복잡해진 탓도 있지만,

많은 기업들이 전략적으로 가격을 책정하기 때문이다. 과연 전략적인 가격이란 무엇일까? 가격 정책에는 어떤 것들이 있을까?

3단계 가격 모델

3단계 가격 모델의 대표적인 사례로 프리랜서 업무 대행 매칭 서비스를 제공하는 파이버fiverr가 있다. 회사 로고를 제작하기 위해 파이버 사이트에 접속해 로고 디자인과 관련된 여러 포트폴리오를 보고 마음에 드는 디자이너를 고른다고 가정해보자.

가격이 얼마일까? 고민에 빠지기도 전에 명쾌한 가격표가 제시된다. 작업 소요 시간, 제공되는 파일 포맷, 소스 파일 제공 여부, 제공되는 로고 개수 등에 따라 베이직, 스탠더드, 프리미엄 세 가지 옵션이 제공된다.

납기가 급한 사람도 있고, 좀 더 폭넓은 선택지 가운데 고르고 싶어 하는 사람도 있으며, 소스 파일을 받아 수정하고 싶어 하는 사람도 있다. 파이버는 이런 고객의 비하인드 니즈에 따라 서비스를 넣고 빼는 식으로 가격표를 만든다. 물론 고해상도 파일 제공처럼 누구나 꼭 필요하다고 생각되는 서비스는 기본 옵션으로 제공한다.

이렇게 고객들로 하여금 자신의 사정에 따라 가격을 선택할 수 있도록 하는 가격 책정 방식을 'Good-Better-Best(굿-베터-베스트) 모델'이라고 한다. 이 방식은 생각보다 그 효과가 엄청나다.

우선 앞서 논한 제안서 작성 방법을 떠올려보자. 고객에게 제안할 때는 제공할 수 있는 것들은 물론 제공하지 않는 것들도 적시하라고 했다. 고객의 계속되는 추가 요구 사항을 감당할 수 없게 될지도 모르기 때문이다. 제공하지 않는 것들을 확실히 하지 않으면 고객과 소모적인 다툼이 벌어질 수도 있다. 이는 계약, 법적 문제를 떠나서 고객과의 신뢰에 문제를 일으킨다.

굿-베터-베스트 모델은 제공하는 것과 제공하지 않는 것들을 명확하게 표현한다. 따라서 나중에 골치 아플 일이 없다. 이 가격 모델의 또 다른 장점은 고객의 선택을 의도적으로 수렴시킨다는 점이다.

누가 봐도 합리적인 선택을 베터 옵션으로 마련하고, 굿 옵션은 어딘가 조금 부족한 서비스로, 베스트 옵션은 서비스는 훌륭하지만 가격이 다소 높은 수준으로 설정한다. 이렇게 하면 소비자들은 대개 중간 가격대의 옵션을 선택하는 모습을 보인다. 소비자는 자신이 직접 선택한 서비스를 합리화하게 마련이라, 이후 문제를 제기할 가능성도 줄어든다. 중간 수준의 옵션을 선택하건 아니건 간에 고객이 능동적으로 결정하게끔 하는 것이 좋다. 다만 이 옵션들의 배열이 꼼수처럼 보여선 안 된다.

무료 모델

무료 모델Free Pricing은 스타트업들이 가장 흔히 채택하는 방식이다.

기존 기업들에는 어색한 모델일 수도 있지만 스타트업이기에 가능한 모델이기도 하다. 스타트업은 사용자를 늘리기 위해 제품을 무료로 배포하는 경우가 있는데, 사용자 수를 키워서 이를 레버리지(지렛대)로 활용할 수 있기 때문이다.

시장은 사람들이 모이는 곳에 존재하므로, 사용자를 많이 확보할수록 할 수 있는 일이 늘어난다. 다만 처음 몇 년은 수익보다 비용이 크게 들기 때문에 반드시 기관이나 개인에게 투자 유치를 받아야 한다. 따라서 수익보다는 성장이 중요한 분야에서 유용한 모델이다.

무료 모델을 적용할 때는 레버리지 효과를 기대할 만한 유의미한 사용자를 확보할 수 있어야 한다. 그래야 향후 수익화가 가능하다. 무료 모델은 주로 모바일 앱 서비스를 제공하는 스타트업들이 많이 선택하는 방식인데, 수익화 방법으로는 구글 스토어나 애플 앱스토어의 유료 다운로드, 광고 노출, 인앱In-App 결제, 그리고 프리미엄 버전 제공 등이 있다.

무료 모델을 사용하는 대표적인 기업으로는 업무용 메신저이자 협업 도구인 슬랙이 있다. 슬랙은 무료 버전만으로도 충분히 활용할 수 있다. 다만 좀 더 뛰어난 기능을 사용하려면 프리미엄 플랜을 선택해야 한다. 주고받은 메시지를 무제한 보관하고, 파일 저장용량이 더욱 크며, 안정적인 보안 기능과 우선적인 기술 지원을 제공하는 기능은 유료 버전에서 사용 가능하다.

이런 면을 볼 때 슬랙은 기업을 상대로 하는 비즈니스의 특성을 잘 간파하고 있다. 처음에는 필요 없다고 생각했다가도 차츰 시간이

지나다 보면 검색, 보안, 저장 등의 기능이 필요해진다. 중요한 것은 무료 버전이라고 해서 허술한 상품을 선보여선 안 된다는 것이다. 무료와 유료 사이에서 어떤 가치와 기능을 차별화할지가 유료화 성공의 관건이다.

핵심-옵션 가격 모델

핵심-옵션 가격Core-Options Pricing 모델은 수익이 발생하는 소스를 다양하게 분산시키거나 추가하는 방법이다. 처음에는 고객에게 핵심Core 제품을 소개한다. 핵심 제품은 웬만한 고객이라면 그것만으로도 돈을 지불할 수 있을 만큼 훌륭한 기술력을 갖추고 있어야 한다. 그 외의 제품(서비스)은 고객의 상황에 따라 추가Add-On 옵션 제품으로 판매한다.

데이터베이스 관리 시스템으로 유명한 오라클Oracle의 경우, 핵심 제품은 데이터베이스이지만, 옵션 제품으로 암호화 기능을 위한 보안 옵션, 고가용성 기능을 위한 이중화 옵션, 대용량 데이터 저장을 위한 압축 옵션, 쿼리 시간 단축 기능을 위한 파티셔닝 옵션, 시스템 최적화 기능을 위한 다양한 성능 관리 옵션 등을 별도로 판매하고 있다.

이미 핵심 제품을 구입하기로 작정한 고객이라면 필요에 따라 옵션 제품도 구매할 가능성이 높다. 이런 영업 방식은 업-셀링Up-Selling

방식이라고도 볼 수 있다. 물론 옵션 제품은 나중에 구매할 수 도 있다. 충성도가 높아진 상태에서는 사용자의 취향에 맞게 옵션을 소개해줄 경우 쉽게 추가 판매가 가능하다.

보통 핵심 제품의 가격이 1만 원이라고 하면 옵션 제품의 가격은 500~2,000원 정도로 상대적으로 부담을 느끼질 않을 수준에 책정한다. 돈을 조금만 더 내면 보다 개선된 기능을 경험을 할 수 있기 때문에 고객 충성도만 잘 유지된다면 쉽게 추가 수익을 얻을 수 있다.

최근 유행하고 있는 공유 오피스에서는 핵심 제품에 해당하는 사무 공간을 기본으로 제공하고 추가로 사물함, 회의실, 우편물 서비스, 프린트 서비스를 옵션으로 제공하는데, 이 역시 핵심-옵션 가격 모델 방식이라고 할 수 있다. 무료 모델과 비교하면 핵심-옵션 가격 모델은 처음부터 유료라는 점이 다르다. 따라서 핵심 제품이 기술력으로 매우 뛰어날 경우에만 적용해야 한다.

면도기-면도날 가격 모델

함께 사용해야 하는 두 제품 중에 하나는 원가 수준이나 그 이하로 제공하고 나머지 제품으로 마진을 챙기는 방법이다. 대표적인 예가 마케팅 교과서에 단골 손님으로 등장하는 질레트 면도기다. 그래서 모델 이름도 면도기-면도날Razor-blade Pricing 모델이다. 프린터와 카트리지, 3D 프린터와 필라멘트, 커피 머신과 캡슐 원액 등이 이에 해당한다.

얼핏 하드웨어 산업에서만 적용될 것 같은 모델이지만 비디오 게임기와 게임 타이틀 판매도 이 모델에 해당한다. 아마존, 리디북스처럼 전자책 판매 서점들이 킨들, 페이퍼 등 전자책 단말기를 저가에 공급하고 수익은 주로 무형 제품인 전자책 판매에서 얻는 것도 마찬가지 경우다.

면도기-면도날 모델은 면도기에 해당하는 상품을 판매할 때 소비자의 심리적 장벽을 넘을 수 있는지를 따져야 한다. 전자책 단말기나 캡슐형 커피메이커 가격이 원가 수준이거나 원가보다 낮게 책정되는 이유가 바로 여기 있다.

서브스크립션 모델

클라우드 서비스가 대중화되면서 서브스크립션Subscription Pricing 모델이 점차 표준으로 자리 잡고 있다. 서브스크립션 모델은 IT 인프라 등 고가의 시스템 등을 한꺼번에 구입하기 어려운 고객들을 위해 클라우드 과금 체계 형태로 등장했다. 가령 서버 구축이나 전사적 사원관리 Enterprise Resource Planning, ERP 구축 프로젝트는 대규모로 진행되기 때문에 엄청난 비용이 든다. 그런데 하루가 멀다 하고 기술 혁신이 일어나 구축한 지 얼마 안 된 시스템도 고작 몇 년 사용하고 나면 구닥다리가 되어버린다. 이러한 패턴은 전사적으로 총소유비용

Total Cost of Ownership, TCO을 크게 높인다. 총소유비용을 최소화하는 것은 모든 IT 사업팀의 숙제다.

총소유비용에는 소프트웨어와 하드웨어 초기 구입비도 있지만 유지보수 비용과 교육훈련 비용도 포함된다. 후자는 모두 초기 구입비에 비례하는 경향이 있으므로 오랫동안 이를 개선하려는 욕구가 있었다. 그래서 탄생한 것이 클라우드 과금 체계다.

클라우드 과금 체계 중에서는 종량제 과금 방식Pay-as-you-go이 대표적이다. 쓴 만큼 돈을 내는 일종의 종량제 요금으로, 아마존 웹서비스Amazon Web Service, AWS를 예로 들 수 있다. 어도비나 마이크로소프트도 최근 적극적으로 클라우드 과금 체계를 도입하고 있다.

소프트웨어 업계뿐만 아니라 커피, 화장품 업계에서도 서브스크립션 모델을 차용하고 있다. 이 경우, 여러 제품을 다양하게 경험할 수 있는 큐레이션Curation의 가치를 추구하는 의미가 크다. 커피의 경우, 블랜딩 전문가가 최상의 맛을 구현한다든가 여러 원산지의 원두를 소량으로 다양하게 제공해서 커피 마니아들에게 미각 여행의 경험을 준다. 화장품의 경우, 끊임없이 새로운 화장품을 갈구하지만 대체적으로 제품이 비싸서 고민하는 사람들을 대상으로 다양한 화장품 샘플을 모아서 정기 배송해주기도 한다.

유저 기반 과금이 이뤄지는 서브스크립션 모델도 있다. 쉽게 말해, 유저 수만큼 이용료를 받는 모델인데, 정해진 규칙은 없지만 모바일 앱의 경우 보통 1인당 월 5,000원 정도를 부과한다. 세일즈포스닷컴 같은 전문적인 프로그램은 1인당 월 수십만 원 수준까지도 받는다. 이런 방식을 지정 사용자 과금 방식Named User이라 한다. 예를 들어 1인당 월 5,000원의 요금을 받는데, 직원 수가 100명이면 월 사용료로 50만 원을 부과하는 식이다.

그런데 이 모델은 고객들이 이의를 제기할 가능성도 크다. 우리 회사는 직원이 100명이지만 영업직이 절반인 50명에 달해 실제로 해당 서비스를 이용하는 사람은 50명에 불과하다면서 50명에 해당하는 요금만 내겠다고 할 수도 있다. 나름대로 일리 있는 지적이다. 이 경우에는 동시 사용자 과금 방식Concurrent User을 도입할 수 있다. 동시 사용자 과금 방식은 특정 시점에 접속한 동시 접속자 수를 기준으로 한다. 물론 특정 시점을 언제로 하느냐, 얼마의 기간 동안으로 하느냐는 별도로 협의해야 한다. 하루 동안 가장 높은 동시접속자 수를 기준으로 할 수도 있고, 1일 평균 동시 접속자 수를 기준으로 할 수도 있다.

서브스크립션 모델은 고객 입장에서 초기 투자비용을 낮춰주는 장점이 있지만, 회사 입장에서는 고객이 사용하다가 언제든 해지할 수 있다는 단점도 있다. 결국 서비스 갱신을 어떻게 최대화하느냐가 수익화의 관건이다. 리텐션Retention의 최대화가 절체절명의 숙제인 것이다.

때문에 많은 서비스들이 비용 결제 시 주로 신용카드를 등록해놓도록 하고 특별히 해지하지 않는 이상 매월 자동결제되도록 유도하고 자동결제하는 유저들에게는 할인 혜택을 주고 있다.

더 나아가 가급적 저렴해 보이기 위해 홍보 자체는 월정액으로 하되, 실제 결제 단위는 대폭 할인 혜택을 주는 연단위로 하도록 유도하는 방법을 쓰기도 한다. 또한 3년, 5년 등 장기 계약 고객에게는 더 많은 할인 혜택을 주기도 한다. 말하자면 아주 세련된 방법으로 해지를 어렵게 만든다.

04
—
유능한 영업 담당자의
거절 대응법

Q : 고객에게 거절을 당하면 '멘붕'이 옵니다. 어떻게 대응해 야 할까요?

A : 좋아하는 이성에게 고백했는데 거절당했다면 당장 끈질 기게 매달리는 게 좋을까요? 아니면 시간과 공을 들여서 나의 매력과 믿음(신뢰)을 보여주는 게 좋을까요? 저라면 후자를 택할 겁니다. 영업도 마찬가지입니다. 스타트업 은 브랜드 인지도가 낮습니다. 당연히 고객의 신뢰도 낮 지요. 당장 거절당했다고 좌절하지 마십시오. 고객 사례, 추천 후기 등 객관적 데이터를 준비해놓고 공략하다 보면 결국 고객의 선택을 받게 될 겁니다.

나의 제안이 거절당하는 이유

사람은 누구나 어느 정도 여건이 갖추어진 곳에서 출발하고 싶어 한다. 불확실한 곳에 시간을 낭비하고 싶은 사람이 어디 있겠는가. 검증된 권위나 명성을 봐야 동참하고 싶지 확실치 않은 일에 뛰어들 고 싶은 사람은 그리 많지 않다. 이는 지극히 합리적인 판단이다.

고객이 우리의 제안을 거절하는 이유도 이와 같다. 고객은 경험이 부족한 기업, 잘 알려지지 않은 기업은 일단 의심하고 본다. 이는 지 극히 정상적인 반응이다. 검증된 게 하나도 없는데 우리를 왜 믿지 않느냐고 아무리 목소리를 높여 떠들어봐야 소용 없다. 신뢰는 시간과 비례해 쌓인다.

그런데 시중에 나와 있는 많은 영업 관련 서적들은 고객의 거절을 전혀 다른 방향으로 해석한다. 고객이 거절하는 근본적인 이유에 대해 통찰하기보다는 거절을 극복하는 기법을 강조하는 것이다.

대략 이런 식이다. '만약 당신이 고객에게 거절당했다면 고객이 잘못 판단했다는 것을 지적하고 다양한 설득의 기술을 동원해 적극 대응해라.' 진지한 분석은 빠진 단기처방식 기술들이 과연 얼마나 효과가 있을까? 이런 처방으로 마음이 돌아선 고객을 움직일 수 있을까? 나는 없다고 믿는다. 요즘 같은 현실에서는 기교로 설득될 고객은 거의 없다고 보는 편이 좋다. 그럼 어떻게 해야 할까?

업력이 적은 스타트업이나 영업 담당자라면 고객 성공 사례를 쌓는 데 집중해야 한다. 고객 성공 사례는 고객의 신뢰를 높일 수 있는 가장 객관적인 방법이다. 사람들은 우리 회사를 알지도 믿지도 않기 때문에 아무리 목소리를 높여봤자 우리의 주장은 쓸모없는 메아리에 불과하다. 대신 작은 것이라도 성공 사례를 쌓고 이를 알린다면 공신력을 높일 수 있다. 이때 중요한 것은 질이 아니라 양이다. 거래 규모가 작더라도 다양한 거래 경험을 쌓는다면 고객에게 믿음을 줄 수 있다. 따라서 당장 이윤이 남지 않더라도 작은 거래를 성사시키고 그것에 대한 고객 성공 사례를 쌓는 노력을 기울이자.

중소 미디어에 노출된 작은 기사도 없는 것보다는 낫다. 보도자료 등을 준비해 언론에 적극적으로 우리 제품을 노출하고, 결과물은 반드시 데이터화해서 고객에게 꾸준히 알리자. 친분이 있는 전문가가 있다면 추천 후기를 받는 것도 좋다. 마케팅 여력이 있다면 마케팅 대행사의 도움을 받는 것도 고려해볼 만하다.

이보다 더 좋은 방법은 스타트업의 직원이 해당 분야의 전문가로 인정받아 미디어에 칼럼을 기고하는 것이다. 스타트업 창업자들이 분주하게 미디어에 등장하거나 칼럼을 기고하는 모습을 보는데, 색안경을 끼고 볼 일이 아니다. 이는 고객에게 다가설 수 있는 가장 매력적인 방법이다. 이런 노력을 6개월에서 1년 정도만 꾸준히 기울인다면 거절했던 고객들이 먼저 연락해올 것이다. 믿어도 좋다.

거절 당했을 때는 이렇게 대응하라

고객은 원래 까칠하다. 언제든 거절할 준비가 되어 있다. 온갖 정성을 다해서 제안했는데 반대에 부딪히면 당연히 마음이 아프다. 심한 경우, 좌절하는 것을 넘어 의욕까지 상실된다. 거절하는 고객에게 어떻게 대응해야 할까? 거절에 대한 영업 담당자들의 반응은 크게 세 가지로 분류할 수 있다. 즉시 깨끗하게 포기하는 사람, 끈질기게 계속 설득하는 사람, 일단 물러났다가 나중에 다시 시도하는 사람이다.

과연 어떤 방법이 바람직할까? 결론부터 이야기하면 세 가지 다 맞다. 깨끗하게 포기하고 다른 고객에게 공을 들이는 것이 나을 때도 있고, 계속 설득해야 좋을 때도 있고, 일단은 물러났다가 시간을 두고 다시 접근하는 게 좋을 때도 있다. 선택은 상황에 따라 달라진다.

다만 거절당했다고 해서 너무 마음 쓰지 말자. 영업 초보들은 고객에게 거절당했을 때 필요 이상으로 신경을 쓰는 경향이 있다. 생각이 많아지면 일단 의욕이 떨어진다. 그럴 필요 없다. 고객이 거절한 이유는 '당신이 싫어서가 아니다.' 진짜 이유는 다른 데 있다. 실무적인 판단 때문에 거절했을 수도 있고, 특별한 상황 때문에 그랬을 수도 있다. 나중에 다시 연락할 수 있도록 캘린더에 메모해놓는 게 상책이다.

누구나 거절할 때는 좋게 말하지 않는다. 무신경하거나 무뚝뚝하게 대응하는 경우가 대부분이다. 때로는 짜증내고 귀찮아한다. 야박하게 우리의 단점을 집요하게 추궁하는 경우도 있다.

이럴 때는 일단 듣자. 듣는 것은 언제나 좋은 기회로 이어진다. 우리가 좀 더 발전할 수 있는 고객의 값진 피드백을 직접 들을 수 있는 절호의 찬스라고 여기자. 거절의 이유를 경청하고, 필요하다면 받아 적자. 듣고 받아 적은 뒤 이를 명확히 재확인하기 위해 고객의 불만 사항을 되묻자.

다음으로 고객의 불만을 '개선할 수 있는 것'과 '개선할 수 없는 것'으로 구분하자. 개선할 수 있는 문제는 신속히 처리해 이에 대한 피드백을 전해주면 된다. 고객은 언제나 까다롭고, 제품은 언제나 완벽할 수 없다. 하지만 고객도 이를 잘 알고 있다. 고객은 영업 담당자가 피드백을 받아 좀 더 나은 가치를 창출한다면 아주 좋아할 것이다.

유능한 영업 담당자는 우선 듣는다

고객의 이견이나 반대를 접했을 때는 고객의 말을 주의 깊게 경청해야 한다. 경험이 부족한 영업 담당자는 고객이 반대 의견을 내세우면 반박하려 든다. 이는 잘 아는 질문이 나왔을 때 너무 신나 흥분한 나머지 고객의 말을 끝까지 듣지도 않고 자신의 의견을 말하기에 급급한 것과 비슷한 모습이다. 이런 이들은 분위기가 좋아도 말, 안 좋아도 말로 해결하려 한다.

말 많은 영업 담당자와는 웬만하면 거래를 하지 않는 것이 좋다. 상황이 좋을 때야 말이 좀 많아도 상관없지만, 일이 잘 풀리지 않을 때, 가령 반품이나 수리 등을 요구하는 상황이 닥치면 아마 엄청난 속도로 말을 쏟아내 고객을 질식시킬 것이다.

경험이 풍부한 영업 담당자는 고객의 의견을 끝까지 경청한다. 설사 그것이 자신의 의사에 반하는 것이라도 마찬가지다. 이를 통해 고객은 자신의 의견을 매우 심각하게 받아들이고 있다는 생각을 하게 된다. 누구나 어려울 때 언제라도 쉽게 불러서 자문하고 문제를 해결해줄 사람을 곁에 두고 싶어 한다. 경청하는 영업 담당자는 고객에게 바로 이런 신뢰를 심어준다.

유능한 영업 담당자는 이유를 물어본다

고객이 이견이나 반대 의사를 밝힐 때는 그 내용을 명확하게 파악해야 한다. 이를 통해 추가 정보나 더 자세한 설명을 들을 수 있기 때문이다. 거북하다고 대충 듣고 무작정 답하려 들면 안 된다.

고객의 말을 충분히 이해하지 않은 상태에선 절대로 답을 내놓으면 안 된다. 추가 질문을 해도 좋고, 구체적인 예를 들어달라고 요구해도 괜찮다.

즉문즉답을 하지 말자. 대신 반대 의견의 요지를 꼼꼼히 확인한다. 구체적인 불만 상황과 걱정되는 바에 대해서도 물어보자. 끝까지 경청하고 적극적으로 호응하면서 고객의 의문을 명확하게 파악한다. 이런 태도를 보이면 고객은 자신의 의견이 존중받는다고 생각해서 더 자세히 설명할 것이다.

유능한 영업 담당자는 '다시 말하기'를 한다

'다시 말하기Restate'는 경력이 풍부한 영업 담당자들도 의외로 잘 모르는 기술이다. 다시 말하기는 말 그대로 고객의 말한 것을 다시 말하는 것이다. 별로 특별한 기술 같지도 않지만 이를 몸에 익히기 위해서는 자신의 언어 습관을 바꾸어야 할 만큼 많은 연습이 필요하다.

다시 말하기는 예를 들면 다음과 같다.

고객 : 기능은 괜찮은데 디자인이 좀 마음에 들지 않아요.

잘못된 답 : 디자인요? 다른 분들은 다들 예쁘다고 하던데요.

올바른 답 : 저희 제품의 기능적인 면에는 만족하시는데, 디자인적인 면에서 조금 미흡하다는 말씀이시군요.

다시 말하기의 효과는 강력하다. 영업 담당자가 고객의 말을 제대로 경청했다는 것을 보여줘 고객의 마음을 편안하게 만든다. 고객의 생각은 쉽게 변하지 않는다. 다만 고객이 불만을 가졌을 때 영업 담당자가 공감해준다면 일단 안심하게 된다. 그 자체가 고객의 거절에 대응하는 첫 번째 전략이다.

유능한 영업 담당자는 고객의 불만에 공감한다

대답은 간단명료하고 짧게 한다. 중언부언하지 말고 핵심을 말해야 한다. 고객이 듣기 원하는 대답을 하며, 전체적인 가치가 고객에게 전달되도록 정리해서 말해야 한다. 고객이 반대하는 상황을 그 자리에 꼭 해결할 필요는 없다. 사무실로 돌아가 제대로 된 개선책을 찾아오는 것이 더 효과적이다.

고객이 불만을 표현하면 충분히 공감해주자. 모르는 것이 있으면 모른다고 솔직히 말하자. 대신 빠른 시간 내에 알아보겠다는 말을 덧붙인다. 피드백은 가급적 24시간을 넘기지 말자. 피드백을 주겠다고 하고 시간을 끌거나 동문서답을 하면 고객의 신뢰를 잃게 된다. 고객의 구매는 잃을 수 있어도 고객의 신뢰를 잃어서는 안 된다.

유능한 영업 담당자는 고객의 공통 불만을 정리한다

고객의 불만은 정말 다양하다. 가격이 비싸서 불만, 디자인이 마음에 들지 않아서 불만, 결제 조건이 안 맞아서 불만, 시스템이 불안정해서 불만이다. 셀 수 없이 많은 불만의 이유가 있다. 게다가 스타트업이라면 회사 규모가 작다는 불만도 듣는다. 이런 다양한 불만들을 모두 해결해주어야 할까?

그렇지는 않다. 사실 그럴 수도 없다. 완벽한 리소스나 대안을 가진 회사는 존재하지 않는다. 고객의 수많은 거절 중에서 공통적으로 많이 나오는 거절 사항을 추리자. 이를 목록으로 만들어 어떤 불만이 가장 많은지, 그 불만을 해결하면 우리 비즈니스에 어떤 도움이 될지 고민해본다. 그리고 우선순위를 매겨서 개선 대책을 마련하자.

내부의 거절을 관리하라

흔히 거절이라고 하면 고객의 거절을 떠올리기 쉽다. 그러나 영업 담당자가 가장 두려워해야 하는 거절은 조직 내부의 거절이다. 어딜 가나 가장 두려운 적은 내부에 있다. 내부의 거절에 비하면 고객의 거절은 문제도 아니다.

고객에게 거절을 당하면 불만이나 개선 사항을 경청하고 공감한 후 개선 대책을 세우면 된다. 그런데 이를 실제로 행하는 것은 말처럼 그리 쉬운 일이 아니다. 고객의 불만이 조직 내부에 잘 전달되지 않을 뿐더러, 전달되더라도 이런저런 이유로 내부의 거절에 부딪치기 때문이다.

예를 들어보자. 우리 회사는 모바일 앱을 서비스한다. 그런데 주요 고객사가 이런저런 기능이 없다고 불만을 제기한다. 경쟁사에는 있는 기능인데 왜 없냐고 따질지도 모른다. 서비스 보장 기간이 너무 짧다며 개선을 요구할 수도 있다. 경쟁사가 평생 무상 A/S를 내걸고 있다면 영업 담당자 입장에서는 미칠 노릇이다. 덮어놓고 우리의 견적 금액이 높다고 주장하는 고객도 있다. 마진과 비용을 생각하면 도저히 받아들일 수 없는 파격적 가격을 요구하기도 한다. 그런데 이해할 수 없게도 경쟁사들이 원가 이하의 가격으로 공급하고 있다는 사실을 깨닫고 나면 더 충격을 받는다. 고객사만을 위한 고유한 디자인을 요구하기도 하고, 결제 조건을 더 길게 해달라고 요구하기도 한다. 계약서가 상호 호혜적이지 않고 고객사에 일방적으로 유리하게 고쳐달라고 요구를 할 수도 있다. 현장에서는 이렇게 다양한 고객의 이견과 불만들이 매우 자주 발생한다. 허투루 그냥 넘어가는 고객을 찾아보기 어려울 정도다.

회사에는 이런 고객의 불만을 책임지고 관리할 누군가가 반드시 필요하다. 이를 잘 다루는 것이 비즈니스의 핵심이라 할 수 있다.

앞서 2장에서 언급했던 것처럼, 스타트업의 제품은 처음부터 훌륭할 리 없기 때문에 고객의 불만을 수용해 제품을 개선해야 한다는 말은 백번 맞는 말이지만, 많은 회사들이 너무 일찍 문을 걸어 잠근다. 고객의 피드백은 앞으로 계속될 텐데 창업 후 고객의 불만을 듣다 보면 금방 지쳐서 피드백 창을 아예 내려버리는 회사도 의외로 많다.

고객의 거절은 상수다

"개발 일정이 촉박하다" "우리 가치의 본질을 왜곡한다" "예산이 부족하다" "회계적으로 무리수를 둘 수 없다" 등 내부 거절의 이유는 나름 합당해 보인다. 거절의 이유도 다양하다. 그리하여 고객의 의견은 들어줄 수 없는 불만으로 치부되고 개선 대책은 중도에 폐기된다. 그러는 동안 고객의 불만은 쌓여만 가고 제품(서비스)은 전혀 개선되지 않은 채 그대로 머물러 있다.

과연 누가 변화해야 할까? 고객을 변화시켜야 할까 아니면 우리 회사를 변화시켜야 할까? 단언컨대 고객의 거절은 기업이 존속하는 한 계속 존재할 상수(常數)다. 고객을 변화시킬 수는 없다는 얘기다. 우리가 변해야 한다.

많은 영업 전문가들이 여러 가지 스킬을 동원해 고객의 반대에 적극 대응하며 고객을 설득시켜야 한다고 주장한다. 내 생각은 다르다.

상수를 어떻게 변화시킨단 말인가? 일상생활에서는 내가 변해야 한다면서 왜 영업 상황에서는 남을 변화시키려 할까? 모순적이다. 우리가 변해야 한다. 특히 아직 완벽하지 않은 스타트업은 더욱 그렇다. 작은 회사니까 알아서 굽히라고 하는 것이 아니다. 더 좋은 회사가 되기 위해서라고 생각하자. 고객의 요구 사항을 해결한 다음에 다시 고객에게 다가가면 대부분의 고객이 더 많은 지지를 보내준다. 영업도 일상생활과 똑같지 않을까? 내가 변하면 상대방도 변할 수 있다는 믿음을 가져야 한다.

영업마인드가 있는 조직은 고객 대응 업무를 최우선시한다

너무 식상한 이야기처럼 느껴지면 지금 당장 아무 스타트업이나 골라잡고 회사 홈페이지에서 대표 이메일 주소를 찾아내 문의 사항을 접수해보라.

내용이 무엇이든 상관없지만 그래도 의미가 있는 질문을 해보자. 가격을 물어본다든가, 견적을 요청한다든가, 영업팀 미팅을 요청한다든가, 제품 상세 정보를 요청한다든가 약간 진지한 질문을 던지는 것이다.

그리고 답변을 기다려보자. 하루, 이틀, 그리고 사흘이 지나고 나흘을 지나면 답메일을 받을 수 있을까? 아마 영원히 받지 못하는 경우가 상당할 것이라고 장담한다.

그렇다. 우리는 고객의 소리에 귀를 기울인다고 쉽게 말하지만, 실제 행동은 그렇게 하지 않는 경우가 많다. 스타트업일수록 고객 대응 업무를 최우선시 해야 한다. 소위 '고객 대응 채널'을 총체적으로 점검해야 한다. 고객을 접하는 모든 채널, 가령 전화, 이메일, 라이브 채팅, SNS, 홈페이지 등 고객이 인바운드로 연락을 취해 올 가능성이 있는 채널을 하나씩 살펴보면서 대응 가이드라인을 만들어야 한다.

이메일

- 모든 인바운드 이메일 문의에 24시간 이내 답신한다.
- 메일침프 같은 서비스를 이용해 일정한 양식을 만든다.
- 고객이 스마트폰으로 수신할 경우를 고려해 모바일 반응형으로 보낸다.

전화

- 전화를 받은 뒤에는 자신의 담당 부서와 이름부터 밝힌다.
- 목소리는 항상 밝게 유지하며, '다시 말하기' 기법으로 응대한다.
- 담당자가 부재할 경우, 담당자의 휴대전화 번호를 알려준다.

라이브 채팅
- 모든 인바운드 채팅 문의에 1분 이내로 답한다.
- 업무 외 시간에 온 채팅 문의에 대해서는 다음 날 오전 10시 이내 답한다.

영업마인드가 있는 조직은 업무 처리 속도에 신경을 쓴다

스타트업은 규모가 작은 만큼 속도가 빠르다는 말을 수도 없이 많이 들었지만, 실제로 속도가 빠른지는 잘 모르겠다. 우리 회사는 작은 기업이니까 저절로 기민하고 빠르게 움직일 것이라고 착각하면 곤란하다.

실제로 다른 회사들의 속도가 어느 정도인지 확인해봐야 한다. 대기업이 골리앗처럼 비대하다고 해서 무조건 느리고 보수적이라고 생각해선 안 된다. 실제로 대기업이나 외국계 기업들은 정말 일이 많아 매우 빠르게 일한다. 엄청난 양의 일을 소화하느라 퇴근도 제시간에 못 하고 주말에도 출근하기 일쑤다. 그런데도 의외로 유연하고 창의적이다. 욕먹을 각오로 말하자면, 아직 적자를 내는 회사를 다닌다면 이렇게 열심히 일하고 있는지 한번 생각해봐야 한다.

스타트업이 속도가 느린 이유는 크게 두 가지다.

첫째, 어떤 결정을 내려야 할지 몰라서 망설이다 보니 속도가 느릴 수밖에 없다. 어느 정도 권위를 유지하면서 책임을 회피할 수 있는 가장 편한 방법은 아무것도 결정하지 않는 것이다. 둘째, 일의 속

도와 양에 대한 레퍼런스가 없기 때문에 본인이 얼마나 느리게 일하는지 모를 수도 있다. 이를 개선하기 위해서 주변에 멘토를 두는 것을 추천한다. 멘토는 많을수록 좋다. 다소 고리타분하고 구닥다리처럼 느껴지더라도 어떤 분야에서 수십 년간 일한 사람이라면 일단 귀를 기울이자. 이정도 경력이 쌓인 사람이라면 굉장히 앞서 가지는 못하더라도 어떻게 하면 안 되는지는 경험적으로 잘 안다.

의견이 비등하다면 일단 영업팀의 의견을 듣는다

영업팀의 의견을 듣는다는 것은 고객의 목소리에 귀 기울인다는 뜻이다. 고객의 피드백은 종종 회사의 비전과 맞지 않기도 하고, 너무 많은 리소스를 필요로 하기도 한다. 기업의 핵심 역량, 핵심 가치까지 부정하면 안 되겠지만, 영업팀과 다른 팀 사이에서 도무지 결정을 내리지 못하겠다면, 즉 양측의 의견이 둘 다 맞거나 둘 다 가치가 있다면 웬만하면 영업팀의 의견을 반영하는 게 좋다.

말은 쉬운데 이게 말처럼 쉽지가 않다. 그 이유는 대부분의 스타트업들이 영업 담당자를 나중에 합류시키기 때문이다. 특히 C-레벨 중에는 영업 책임자가 거의 없는 경우도 허다하다. 조직에서의 위상이 낮고 상대적으로 경험이 적은 멤버들이 영업을 담당하다 보니 자연스럽게 의견이 밀리게 된다.

조직에서 정치적인 문제야 논외로 치더라도 영업팀의 위상이 낮다는 것은 곧 고객의 위상이 낮다는 것을 의미한다. 그렇기 때문에 일상에서, 마케팅 메시지에서, 심지어 우리의 머릿속에서는 고객이 항상 우선이라고 외치지만, 실제로 의사 결정을 할 때 고객은 뒷전이 될 수밖에 없다. 이것이 바로 모순이다. 무조건 영업팀의 의견을 따르라는 것이 아니다. 양측의 의견이 비등하다면, 그때는 망설임 없이 영업팀의 의견을 듣자.

6장

STEP 5

클로징과 고객 유지

영업은 결과로 완성된다

신규 고객 창출 비용은

기존 고객 유지 비용의 6배 이상이다.

01
—
결국,
클로징

Q : 고객과 미팅도 충분히 했고 정보도 많이 주었는데 정작 클로징이 안 됩니다. 어떻게 하면 구매를 유도할 수 있을까요?

A : 클로징을 단번에 이끌어낼 비법은 없습니다. 영업 리더십을 갖추고 지금까지 소개한 영업흐름(영업 목표 설정, 액션 플랜 준비, 파이프라인 관리, 온·오프라인 마케팅 채널과 영업 깔때기를 통한 리드 발견과 관리 및 대응 등)을 따라가다 보면 자연스레 거래가 성사될 것입니다. 만일 그렇지 않다면 어느 단계가 문제인지 점검하고 그 단계로 되돌아가 다시 노력을 기울이면 됩니다.

중요한 점은 거래 성공 여부를 떠나 거래 과정 전체를 평가해야 한다는 것입니다. 왜 우리 제품(서비스)을 구매했는지, 왜 거절했는지 반드시 알아내고 그 이유를 공유해야 합니다. 이렇게 평가가 쌓이다 보면 자연스럽게 거래 성사율도 높아집니다.

결코, 매달리지 말아라

"드라이버는 그저 보기 좋은 쇼이고, 퍼팅은 현금Drive is show, Putt is dough"이라는 스코틀랜드의 골프 명언이 있다. 탁 트인 푸른 잔디 위에서 티샷을 할 때면 가슴이 쿵쾅거린다. 헤드에 '타앙' 하고 맞아

앞으로 쭉 뻗어 나가는 공의 궤적이 아름답다. 비록 프로 경기처럼 구름 같은 갤러리는 없지만 옆에서 티샷을 할 때면 누구나 크게 환호해준다. 그래서인지 골프를 즐긴다는 사람들은 하나같이 평소에 티샷 연습을 많이 한다.

처음 골프 레슨을 받으면 다들 약속이라도 한 듯 7번 아이언 연습을 주로 하지만, 곧 십중팔구 티샷으로 넘어간다. 반면 퍼팅 연습은 상대적으로 소홀히 한다. 티샷에 비해 퍼팅은 재미가 떨어지기 때문이다. 짧은 거리를 톡 쳐서 홀에 넣어야 하는 퍼팅은 몇 분만 연습해도 지겹다.

그런데 실전에서 중요한 것은 퍼팅 실력이 좌우하는 숏 게임이다. 전설적인 프로 골퍼 벤 호건은 "골프 스코어는 그린 주위 70야드에서 결정된다"라고 했다. 그만큼 골프에서는 숏 게임이 중요하다. 숏 게임에 실패하면 경기에서 이길 수 없다.

영업도 마찬가지다. 고생은 고생대로 다 하고 나서 정작 거래를 성사시키지 못하면 이제까지의 모든 수고가 물거품이 된 것이나 다름없다. 물론 그동안의 노력이 100% 헛수고가 되는 것은 아니다. 영업 프로세스상 큰 실수만 하지 않았다면 언젠가는 고객이 다시 찾아올지도 모른다. 그러나 영업은 시간이 생명이다. 제때 클로징하는 것이 중요하다. 당장 다음 달 직원들의 월급도 줄 수 없는데, 내년쯤 거래가 성사될 것 같다면 무슨 소용있겠는가?

정해진 시간 내에 클로징해야 한다. 이에 관한 노하우를 이야기해 보자.

영업에 종사하는 사람이라면 누구나 한 번쯤 클로징 기법에 대해 들어봤을 것이다. 가령 고객의 반대를 극복한다든지, 큰 것보다 작은 것부터 동의를 구한다든지, 두 가지 옵션을 던져서 선택하게 만든다든지, 확실히 밀어붙이는 벼랑 끝 전술 등의 기법이 대표적이다. 그런데 이런 기법들이 어느 정도 효과가 있는 건 사실이지만 마음에 그리 와닿지는 않는다.

고객이 명백히 반대 의사를 밝히는데 고집을 꺾게 만든다든가, 마음이 콩밭에 가 있는 사람에게 와닿지도 않는 선택지를 들이대는 게 매우 어색하게 느껴지지 않는가? 설전에 가까운 과정을 거쳐 설득한다고 과연 고객들이 순순히 말을 잘 들을까? 한 번 거래를 하고 다시 안 볼 경우에나 가능한 선택지다.

영업을 오랫동안 잘하고 있는 프로 영업 담당자와 대화를 해보니 이 의문의 답을 찾을 수 있었다. **단도직입적으로 말해 유능한 영업 담당자들은 '결코 매달리지 않는다.'**

여기서 잊지 말아야 할 것은 영업을 '오랫동안 잘하고 있는' 사람들의 모습이 중요하다는 것이다. 소위 묻지 마 프로 영업 담당자들에게는 배울 게 없다. 두 부류를 잘 구분하자. 경험이 풍부한 영업 담당자들이 말하는 클로징이란 앞서 차례로 다룬 영업 프로세스를 잘 따르다 보면 자연스럽게 이루어지는 결과다. 만일 클로징이 잘되지 않는다면 이전 단계로 다시 돌아가야 한다.

영업은 특정한 기술이나 기법으로 되는 것이 아니다. 설령 그렇게 해서 성과를 내더라도 오래가지 못한다.

유능한 영업 담당자는 콜투액션을 활용한다.

얼마 전 강연에 참석한 적이 있다. 강연 장소는 자선재단에서 운영하는 곳으로, 동시에 100여 명을 수용할 수 있는 규모였다. 공간의 취지상 누구에게나 개방된 곳이어서 무료로 대관해주었다고 했다.

강연을 시작할 무렵, 강연장을 대관해준 재단 측 직원이 나와서 청중에게 간략하게 재단을 소개했다. 분위기는 화기애애했다. 최근 사회적 기업, 소셜 벤처같이 나눔의 정신을 실현하는 곳이 많다는데, 설명을 들으니 재단에 대해 호감이 들 정도였다. 그런데 바로 이 부분이 문제였다. 문제라기보다는 영업을 연구하는 나로선 안타까운 마음이 들지 않을 수 없었다.

재단 관계자는 재단 소개와 더불어 청중의 많은 관심과 성원을 바란다며, 개인 후원금을 지원해주면 좋은 곳에 쓰겠다고 했다. 그런데 거기서 끝이었다. 청중의 행동을 유도할 어떠한 콜투액션도 던지지 않았다.

기부를 받으려면 설명만 해서는 안 된다. 사인을 받아야 한다. 서약서, 약정서, 동의서, 아니면 하다못해 계좌번호가 찍힌 명함이라도 돌려야 한다. 사람들을 다음 단계로 유도하기 위해서는 구체적인 행동이 필요하다. 그런데 안타깝게도 재단 관계자는 재단 홈페이지에 잘 안내되어 있으니 참조하라는 말만 남겼다. 고객이 다음 행동을 취할 수 있도록 하는 콜투액션이 없었다. 하늘이 무너지고 땅이 꺼질 노릇이었다. 여기서 말하는 콜투액션은 앞서 인바운드 마케팅에서 다루었던 CTA와 개념적으로 같은 말이다. 홈페이지 방문자가 어떤 행동을 취하도록 유도하는 이미지나 버튼, 혹은 메시지. 그것이 바로 콜투액션이다.

버튼이나 메시지를 누르면 방문자는 특정한 주문을 담은 랜딩페이지로 넘어가게 된다. 이는 일반적인 영업 클로징 시점에도 동일하게 적용되어야 한다. 말로 끝나선 안 된다. 고객이 행동할 수 있도록 유도하는 콜투액션을 준비하자.

유능한 영업 담당자는 절대 먼저 등을 돌리지 않는다

오라클Oracle에 다니던 시절, 부족한 영어 실력을 높이기 위해 영어 학원을 알아본 적이 있다. 당시만 해도 온라인으로 정보를 검색하는 것이 일반화되지 않아서 먼저 전화로 문의하고 자세한 상담을 위해 직접 방문하기로 했다.

그런데 막상 약속한 날이 되니 갑자기 공부하고 싶은 마음이 사라져서 서울 근교로 드라이브를 가버렸다. 특별히 무슨 계획이 있는 건 아니지만 약속했던 학원 상담은 다음 주에 가야지 하고 생각했던 것이다. 개강까지는 날짜가 좀 남았으니 괜찮을 것이라는 생각도 한몫했다.

그런데 학원에서 수차례 문자와 전화가 왔다. 약속한 날이 되었는데 오지 않으니 담당자가 마음이 급했던 것이다. 운전하는데 다음과 같은 문자가 왔다.

"약속하신 방문 일시에 오시지 않아서 마지막으로 여쭙니다. 개강일이 임박했으니 오늘 중으로 수강 여부를 결정해주시기 바랍니다."

언짢은 내용은 아니었다. 약속을 어긴 건 내가 맞다. 그러나 문자를 좀 더 위트 있게 보냈더라면 하는 생각이 들었다. 왜냐하면 고객이란 원래 이렇게 행동하기 마련이기 때문이다.

고객은 원래 오기로 했다가 안 오고, 가기로 했다가 안 가는 사람이다. 새해 첫날 헬스장에 등록했다가도 꽃 피는 봄이 오면 바깥바람을 쐬고 싶은 게 바로 고객이다. 어제 달랐다 오늘 달랐다 내 마음을 나도 모르는 게 고객이다. 쑥스러울지는 몰라도 이렇게 보냈으면 어땠을까?

"오늘 날씨가 너무 좋네요! 이럴 때일수록 계획하셨던 공부 마음 다잡으셔야죠! 시간 되실 때 언제라도 저희 센터로 방문해주십시오!"

유능한 영업 담당자는 다섯 번 시도한다

미팅도 좋았고 제안도 좋았는데 클로징이 안 되는 이유는 따로 있다. 남들은 다 아는데 나만 모르는 것이 있으면 안 된다. 1장에서도 이야기했듯, 성사된 거래의 80%는 다섯 번 이상의 팔로업Follow-Up 끝에 이루어진다. 한두 번의 노력으로 성과를 얻기는 어렵다. 너무 머리 쓰지 말고 지속적으로 접촉해 정성을 기울이는 것이 가장 좋은 방법이다.

전략적 영업, 과학적 영업 다 좋지만 계속 들이대기 영업은 그런 방법론보다 기본이 되는 영업 전략이다. 얼핏 비과학적인 것 같고 구차하게 생각되는가?

하나만 묻겠다. 마음에 드는 이성에게 고백할 때도 머리와 전략만 가지고 할 것인가? 머리가 할 일도 있지만, 몸이 할 일도 있는 것이다.

쉬워 보여도 연습하지 않으면 몸이 따라가지 않는다. 네 번 거절 당하고 다섯 번째 시도하는 것은 보통 용기 가지고는 할 수 없는 행동이다. 그래서 앞서 거절에 너무 민감하게 반응하지 말라고 충고했던 것이다. 44%의 영업 담당자는 한 번의 거절에 포기하고, 22%는 두 번의 거절에, 14%는 세 번의 거절에, 12%는 네 번의 거절에 포기한다. 즉 오로지 8%의 영업 담당자만이 다섯 번의 팔로업을 한다. 거절이 두려워도 중간에 포기하지 말고 계속 들이대자.

클로징을 평가하자

클로징을 했다면 정말 축하할 일이다. 지금까지 당신은 세일즈 리더십을 재정립했고, 경쟁우위를 분석해 목표를 세부적으로 정했다. 다양한 채널을 통해 적절한 마케팅 활동을 전개했고, 영업 깔때기의 단계별로 잠재고객의 상황에 맞춰 적극 대응했다. 그리고 고객 미팅을 잡고 제안을 했다가 약간의 거절과 유보를 거친 끝에 결국 클로징에 성공했다.

B2B 상황이라면 3개월에서 6개월 혹은 그 이상이 걸렸을지도 모른다. 나로 인해 영업팀의 실적이 좋아졌고 자연스레 회사에서도 인정받는 분위기다.

이제 다시 다른 딜을 클로징하기 위해 나서야 한다. 영업을 하면서 가장 힘든 점이 있다면 바로 이런 끝없는 여정일 것이다. 한 분기가 끝나면 또 다시 새로운 타깃이 주어진다. 이런 영업 담당자의 일상을 '선수들끼리는' 흔히 '큐Q살이'라고 한다. 분기Quarter마다 매출 압박에 애간장 녹이는 삶을 산다는 뜻이다.

매출 걱정에 잠이 오지 않는다. 돈이라는 건 날이면 날마다 땅 판다고 해서 나오는 게 아니다. 직장 경험이 짧은 사람들은 이 점을 깊이 깨달아야 한다. 왜 우리 회사는 마케팅 비용을 쓰지 않느냐, 왜 우리 회사는 인센티브를 주지 않느냐고 불평하면서 돈 쓰는 것을 가볍게 여기지 않기 바란다.

회사에서 돈을 쓰는 사람이 되지 말고 돈을 버는 사람이 되려고 노력하자. 만약 우리 조직의 비즈니스 담당자들(영업은 물론 마케팅, 전략, 개발 모두 포함)이 혹시 이런 긴장감이 없다면 머지않아 위기가 다가올지도 모른다.

클로징을 하고 나면 반드시 '클로징에 대한 평가'를 해야 한다. **성공한 딜에 대한 성공 이유, 실패한 딜에 대한 실패 이유를 평가해야 한다.** 특히 경험을 쌓아가는 스타트업에 이 단계는 매우 중요하다. 성공의 이유를 객관적으로 분석해 이를 다음 딜에 적용해야 한다.

실패한 이유를 안다면 다음번에 똑같은 이유로 실패하지는 않을 것이다. 실패를 분석하지 않으면 같은 이유로 또 실패할 확률이 높아진다.

한 회사가 영위하는 비즈니스는 다른 회사와 똑같을 수 없기 때문에 영업 성패의 원인 분석은 그 회사만이 할 수 있다. 그래서 클로징에 대한 평가 과정이 중요한 것이다. 영업팀에 팀장이 있다면 팀원들과 함께 분석하자. 영업 주간 미팅의 주제로 클로징 분석을 넣는 것도 방법이다.

내가 추천하는 방식은 단 한 가지다. 항상 고객과 평가 미팅을 갖는 것이다. 성공했건 실패했건 상관없다. 고객을 만나서 진솔하게 물어보자. 여기서 '진솔하다'는 것에 주목해야 한다. 성공과 실패를 떠나 평가를 위해 고객을 만날 때는 '아는 선배'를 만난다고 생각하는 게 좋다. 가식을 던지고 마음속 깊은 곳까지 공개할 수 있도록 내가 먼저 간절하고 솔직해지자. 상황이 허락한다면 퇴근 후에 맥주를 한잔하는 것도 좋다.

한 가지 유의할 점이 있다면, 실패한 거래의 경우, 1개월 정도 이상 시간을 두었다가 미팅을 추진해야 한다. 우리 제품을 거절한 고객에게 바로 만나자고 하면 부담스러울 수밖에 없다. 괜한 오해를 살 수도 있다. 평가 미팅은 다시 클로징을 시도하는 게 아니라 기자의 입장에서 사건을 바라보는 것과 비슷하다.

성공한 거래에 대한 고객 질문

- 왜 우리 제품을 선택했는가?
- 특히 어떤 점이 선택 요인이 되었는가?
- 우리 제품에 마음에 들지 않았던 부분은?
- 경쟁사에 만족을 느낀 점은?
- 우리 제품의 개선점은?
- 향후 우리 회사에 어떤 모습을 기대하는가?
- 향후 어떤 비즈니스 계획을 가지고 있는가?

실패한 거래에 대한 고객 질문

- 경쟁사의 어떤 점이 선택 요인이었나?
- 우리 제품을 선택하지 않은 이유는?
- 구매 시 주요 비교 이슈는 무엇이었나?
- 우리 제품이 경쟁사보다 좋았던 점은?
- 우리 제품의 개선점은?
- 향후 관련 구매 계획이 있는가?
- 향후 어떤 비즈니스 계획을 가지고 있는가?

▶클로징 이후에 고객에게 반드시 질문해야 할 사항들◀

클로징을 했다면 CRM에 업데이트하는 것도 잊지 말아야 한다.

패키지 형태나 클라우드 형태의 CRM을 쓰고 있다면 분명히 마케팅 소스 코드Marketing Source Code를 기입하는 칸이 있을 것이다. 파이프라인을 엑셀로 관리하고 있다면 그저 엑셀에 열을 하나 추가하고 소스 코드란을 만들어 입력하면 된다. 기입하는 속성값은 앞서 2장에서 알아보았던 다양한 마케팅 이벤트들 중에서 선택하면 된다.

엑셀에도 팝업 메뉴를 만들 수 있는 명령이 있으니, 관련 메뉴를 미리 만들어두는 것도 좋을 것이다. 나중에 정렬Sorting할 때 데이터의 정합성을 위해서라도 미리 만드는 게 좋다. 마케팅 소스 코드가 중요한 이유는 따로 설명하지 않아도 이해할 것이다. 분석 결과에 따라 각 마케팅 이벤트의 효율성(또는 전환율)을 비교분석할 수 있기 때문이다. 물론 장기간의 검증이 필요하다. 효율성의 결과는 내외부 환경에 따라, 즉 인구통계학적 환경에 따라, 지역 분포에 따라, 제품 종류에 따라 영향을 받을 수 있기 때문이다.

CRM의 탄생 배경을 살펴보면 기존 고객에 대한 리텐션Retention의 목적이 다분했다. IT 시스템을 활용해 기존 고객을 그냥 내버려두지 않겠다는 개념이다. 데이터베이스를 이용해 고객의 정보를 관리하며 개별 고객에 대한 일대일 마케팅을 추구한다. 이미 많이 알려진 바대로 20%의 충성 고객이 80%의 매출을 차지하며, 20%의 충성 고객은 기존 고객 관리에서 비롯된다고 했다. 게다가 기존 고객을 유지하면 신규 고객을 발굴하는 것에 비해 수익성이 5~6배나 높다.

기존 고객을 잘 활용하면 마케팅 비용이 절감되고 고객 추천이나 입소문 효과 등을 활용할 수 있기 때문이다. 그래서 지인이 추천하는 리퍼럴Referral 마케팅, 기존 고객을 직접 광고나 이벤트에 등장시켜 제품에 대한 경험담을 널리 알리는 테스티모니얼Testimonial 마케팅이 전개되기도 한다.

뿐만 아니라 기존 고객 자신의 재구매나 옵션 추가 구매를 제안해

업셀링Up-Selling을 유도할 수도 있다. 이와 관련, 많은 기업들이 멤버십 마케팅을 도입하고 있는데 빅데이터를 접목한 선호 상품을 추천해주거나 현대카드처럼 라이프 스타일에 깊숙이 관여하는 문화 마케팅을 도입하기도 한다.

클로징은 또다른 시작 _ 학습 조직 구축

불철주야 노력한 끝에 수익이 쌓여 회사 규모가 커졌다. 아직 손익분기점은 넘기지 못했지만 장래성을 인정받아 엔젤 투자도 받았다. 이제 본격적으로 영업을 시작해야겠다는 생각이 들기 시작한다. 이처럼 2~3년쯤 버틴 스타트업들은 그제야 영업의 소중함을 깨닫게 된다.

창업 초기에 영업 전략이 어떻게 되느냐고 물어보면, 대체로 "우리는 영업에 매달리지 않는다. 우리의 비즈니스 모델은 견고한 플랫폼이기 때문에 조만간 제이커브J-Curve를 그릴 것이다"라고 자신있게 말한다. 그러나 플랫폼 비즈니스야말로 영업이 필요한 분야다. 플랫폼의 제 역할을 다하기 전까지 시장의 판을 구성할 크고 작은 거래를 지속적으로 성사시켜야 한다. 여전히 많은 사람들이 시스템을 잘 갖추어놓으면 무엇이든 자동으로 돌아갈 것이라고 착각한다. 그러나 다시 강조하지만 이는 착각이다.

회사 규모의 크고 작음과 상관없이 조직에는 조직원들의 손맛과 조직력이 필요하다. 저절로 굴러가는 조직은 없다. 특히 영업 조직은 처음부터 끝까지 사람이 하는 일이자 사람을 상대하는 일이다. 회사가 잘 돌아가려면 시스템도 중요하지만, 사업을 할 줄 아는 사람이 필요하다. 내부의 개별적인 역량도 중요하지만 밖으로 나가 돈이 될 만한 것을 찾아 집요하게 물어올 사람이 필요하다. 고객과 사기꾼을 잘 구별하고, 까다로운 고객 때문에 마음고생을 하거나 수없이 거절당하더라도 이를 참아낼 사람이 필요하다.

또 귀찮은 일이지만 숫자(목표)를 부여하고 영업 파이프라인을 관리하고 성과를 예측하는 업무가 필요하다. 리포트 작성도 매우 중요한 업무다. 정확한 리포트를 통해 회사의 비즈니스 상황을 점검할 수 있기 때문이다. 측정해야 개선할 수 있다는 피터 드러커의 말을 빌리지 않더라도 쉽게 이해할 수 있을 것이다.

그런데 어느 조직보다 인적 자원의 힘이 중요한 영업팀에 가장 중요한 일은 무엇일까? 바로 성공 사례와 실패 사례를 분석하는 일이다. 분석을 통해 조직의 역량을 높일 수 있다. 앞서 언급한 영업 행위들, 즉 고객을 발견하고 접근하는 일, 고객에게 연락하고 대응하는 일, 고객을 만나고 제안하는 일, 거절에 대응하고 영업 성과를 측정하는 일 등 다양한 업무 중에는 계획한 대로 이루어져 성공한 사례도 있지만, 어쩌다 보니 운 좋게 성공한 사례도 있을 것이다. 반대로 제대로 준비했는데 실패한 경험도 있을 것이고, 잠깐 소홀했더니 손해가 눈덩이처럼 커져 돌아온 경험도 있을 것이다. 이 모든 경험은 스타트업에 소중한 자산이다. 책으로 읽어서 공부한 경험이 아니라 몸으로 직접 배운 경험이기 때문이다. 이 경험들을 분석해야 그것으로부터 무언가를 배울 수 있다. 그렇지 않으면 소중한 경험 자산이 다 날아가버리고 말 것이다.

이렇게 클로징을 평가하고 개선하는 식으로 경험으로부터 배우는 마음가짐을 조직적으로 견지하는 것을 우리는 '학습 조직Learning Organization'이라고 한다. 클로징에 실패했다면 왜 실패했는지 알아낸다. 성공했을 경우에도 운이 좋아서 성공한 건지 아니면 성공할 만한 합당한 이유가 있는지 파악한다.

스타트업은 미숙함과 부족함의 연속이지만 글로벌 기업 삼성도 한때는 그랬다. 예전보다 상황이 좋을 수도 있고 나쁠 수도 있지만, 어쨌든 개선하기 위해서는 현재를 평가해야 한다. 팀원들이 팔아오고 팔아오지 못한 각각의 거래에 대해 원인과 결과를 분석하고 공유해야 한다. 그래야 팀원들이 영업을 배울 수 있다. 무작정 다그치라는 말이 아니다. 학습해서 배우는 것이 있어야 한다는 뜻이다.

스타트업에서 일하는 젊은 사람들도 이런 문화를 원한다. 연봉이나 복리후생도 중요하지만, 내가 경험한 바에 따르면 자신이 다니는 회사가 '일을 제대로 배울 수 있는 곳'이기를 바랐다. 회사 내부에 보고 배울 만한 사람이 있기를 원했고, 내가 지금 일하는 방식이 옳은 건지 내가 맞는 방향으로 가고 있는 건지 굉장히 궁금해했다. 만일 팀원이 방황하고 풀이 죽어 있다면 스타트업에서 일하면서 열정도 패기도 없느냐고 다그치지 말고, 우리 회사가 무언가 배울 수 있는 곳인지 아닌지 점검해보자.

　매니저도 마찬가지다. 매니저인 나를 따르라고만 하지 말고 매니저로서 직원들에게 어떤 영감과 동기를 부여해줄 수 있는지 성찰해야 한다. 사람은 누구나 성장하는 자신을 꿈꾼다. 자신의 열정이 맥없이 소비되고 낭비되는 것을 바라지 않는다. 그러기 위해 측정하고 학습하자.

02
—
한번 고객을
내 편으로 만드는 뱁

Q : 기존 고객이 중요하다는 것은 알겠는데, 한정된 마케팅 예산으로 무슨 일부터 해야 할지 모르겠습니다.

A : 고객 관리는 마케팅 업무가 아닙니다. 영업 업무입니다. 흔히들 고객을 위한다고 하는데, 실상은 인맥1:N 관계에만 관심이 있지, 인간관계1:1 관계에는 관심을 보이지 않습니다. 고객 한 사람 한 사람의 처지를 살펴보는 게 아니라 '고객들'을 군집으로 바라보는 시각이 문제입니다. 그러니 기존 고객의 불만이 보일 리 없습니다. 영업 담당자들의 중요 KPI로 기존 고객 유지율을 포함시키세요. 기존 고객을 정기적으로 방문하거나 아예 영업팀 회의에 참석시키세요. 고객들은 엄청난 불만을 토로할 것입니다. 아무런 행동도 취하지 않으면 대부분의 기존 고객이 불만을 말하지 않습니다. 덧붙여 기존 고객이 우리를 떠나려 해도 절대로 먼저 등을 돌리지 마세요. 언젠가 다시 돌아올지도 모르니까요.

고객이 떠나는 이유

많은 전문가들이 고객 이탈의 원인으로 세 가지 이유를 든다. 실망 이탈, 경쟁 이탈, 그리고 자격 이탈이다.

실망 이탈은 관리 소홀이 원인이다. 구매하기 전에는 문턱이 닳도록 찾아오더니 구매하고 나니까 코빼기도 보이지 않는다고 괘씸해하는 고객들이 많다. 기업과 커뮤니케이션하는 과정에서 불만을 경험하면 대개 크게 분노를 터뜨리게 마련이다. 이렇듯 구매한 고객은 정당한 대접을 받기 원하는데 기업은 아예 무관심하거나 또는 프로답게 대응하지 못하는 경우가 많다. 미국품질학회American Society for Quality 역시 대표적인 고객 이탈의 원인을 '고객 접점에서의 대응 문제'라고 지적했다. 이런 고객의 이탈을 어떻게 막을 수 있을까? 우리는 기존 고객들을 위해 어떤 노력을 하고 있는가? 우리가 간과한 점은 없을까? 우리는 어떤 노력을 해야 할까? 이런 고민을 해보자.

"인간관계에 있어서 수만 명의 사람과 관계를 맺는 것은 가장 쉬운 일이다. 반대로 단 한 명의 사람과 관계를 맺는 것은 가장 어려운 일이다." 미국의 인권운동가이자 가수인 조앤 바에즈의 말이다.

첫 번째 문장의 관계는 인맥이고, 두 번째 문장의 관계는 인간관계다. 첫 번째 문장은 수만 명과 관계를 맺는 것이기 때문에 인맥을 의미하고, 두 번째 문장은 단 한 명과 관계를 맺는 것이기 때문에 인간관계를 의미한다고 볼 수 있다. 그런데 효율성의 시대를 살아가는 현대인들에게 인간관계란 인맥과 같은 말이 되어버렸다. 굳이 이유를 대자면, 정신없이 바쁘기 때문이다. 먹고살기 힘드니 시간이 없어도 인맥을 넓혀야 한다. 인간관계에서도 효율성이 강조되는 것이다. 생각은 많은데 특별한 방법이 없는 범인(凡人)들은 그저 페이스북 친구 신청하기에 주력한다. 알지도 못하는 사람들에게 마구 친구 신청을 날리는 것이다. 그러다 보면 어느새 친구 수가 5000명을 돌파한다. 왠지 뿌듯함이 느껴지기도 한다.

여기에 힌트가 있다. 우리는 고객들을 1대 N의 관계로 바라본다. 반면 고객은 우리를 일대일의 관계로 바라본다. 다시 말해, 우리는 고객을 '인맥'으로 바라보지만, 고객은 우리를 '인간관계'로 바라본다. 바로 여기서 괴리가 생긴다. 서로 바라보는 마음이 다르기 때문이다. 다시 한번 강조하지만, 고객은 우리와 일대일의 관계를 원한다.

고객을 단순히 마케팅의 영역으로 다뤄서는 안 된다. 이는 아주 중요한 인식의 전환이다. 리텐션 마케팅, CRM 마케팅을 적용할 땐 매우 조심해야 한다. 마케팅의 옷을 입는 순간, 고객들은 매우 피로해할지도 모른다. 이메일 계정의 받은 편지함을 한번 보라. 아무런 의미도 없는 스팸메일이 얼마나 많은가? 창립 5주년 기념 특별 프로모션! 지금 바로 자동차 보험료를 확인하세요! 신차 사전 예약 마감 임박! 영화 관람권 증정 이벤트! 받자마자 수신 거부 버튼을 눌러버린다. 휴지통에 넣는 시간마저 아깝다. 자기네 창립 5주년이 대관절 나와 무슨 상관있단 말인가? 내 자동차 보험 갱신은 10개월도 더 남았는데 지금 뭘 확인할 게 있을까? 모두 쓸모없는 마케팅이다. 어쩌다 하나 걸리겠지 식으로 보냈다가는 엄청 많은 고객들이 수신거부를 신청할 것이다.

이런 것이 아니라도 영업 담당자는 기존 고객을 위해 챙길 일이 많다. 신규 고객 창출에만 매달리다 보면 시간이 없어 기존 고객을 만날 수 없다. 몇 달 동안 기존 고객을 만난 적이 없다면 그들은 얼마 지나지 않아 우리를 떠날 것이다. 더 이상 힘들 게 잡은 고객을 떠나보내지 말고 단 한 명과의 관계를 유지하자. 현재 고객(고객사)이 얼마나 되느냐는 의미가 없다. 이는 영혼 없는 페이스북 친구 맺기와 크게 다를 바 없다.

고객과의 관계를 유지하는 방법

기존 고객은 아이디어의 보고다. 기존 고객과 커뮤니케이션을 하면 많은 것을 얻을 수 있다. 해당 산업에 대한 지식, 그들의 경험과 노하우, 심지어 경쟁사의 비밀까지 알 수 있게 될지도 모른다.

기존 고객은 규모를 떠나 어쨌든 해당 산업의 구성원이다. 그 분야에 대한 지식이 우리보다 훨씬 많을 수도 있다. 직급이 올라갈수록 해당 산업에 대한 경험이 중요해진다. 전문가 대접을 받으려면 아는 게 많아야 하는데 현업 담당자에게서 얻는 지식과 경험은 곧 교과서나 마찬가지다. 그들은 이미 우리의 가치를 인정한 사람들이다. 사람들이 왜 우리 제품을 선택했는지 우리보다 더 잘 안다. 우리 제품을 구매한 이상, 구매하기 전과는 확실히 대하는 게 달라진다. 예전에는 민감하게 반응했을 만한 질문에도 술술 잘 대답해준다. 이제는 파트너라고 생각하기 때문이다. 입찰 때 접한 경쟁사의 제안 내용 중에도 배울 점이 있다.

틈만 나면 기존 고객을 만나야 한다. 그런데 보통 영업 담당자들은 기존 고객에게 소홀하다. 일부러 그러는 건 아니다. 다음 영업 목표가 어마어마하게 높아서 도저히 시간이 나지 않기 때문이다. 영업 담당자라면 기존 고객에 대한 확실한 계획을 세우자.

고객 유지율, 추가 판매율 등을 영업팀 KPI에 포함시켜라

고객을 유지하는 것이 회사의 목표라면 그것을 잘하는 사람을 높이 평가해야 한다. 기존 고객을 많이 유지하는 영업 담당자에게 높은 점수를 줘라. 비즈니스 목표를 인센티브나 평가에 동기화Alignment 시켜야 한다.

마찬가지로 인센티브도 연동할 수 있다. 목표관리Management By Objective, MBO, 핵심성과지표KPI에 확실하게 포함시키고 리포트에도 기존 고객 유지율 및 추이, 추가 판매 비중을 기록하라. 이런 장치를 마련하는 것만으로도 효과를 볼 수 있을 것이다. 물론 미팅 때마다 중요성을 강조하고 성공 사례를 공유하면 더욱 효과적이 것이다.

기존 고객을 영업 미팅에 참석시켜라

아마존의 유명한 '고객 의자' 이야기를 한 번쯤 들어본 적 있을 것이다. 아마존의 CEO 제프 베조스는 회의 때마다 빈 의자를 갖다 놓는데, 이 의자를 고객의 의자라고 한다. 그만큼 고객을 언제나 의식한다는 뜻이다. 스타트업은 성장하는 기업이다. 기존 고객 중에 우선 우호적이고 친분이 깊은 사람을 실제로 영업 미팅에 참석시켜 보자.

월 1회 정도 진행하면 정말로 시급하게 필요한 우선순위가 무엇인지 영감을 받을 수 있을 것이다. 고객사는 최근 내부적으로 어떤 사항을 강조하고 있는지, 해당 산업은 어떻게 돌아가고 있는지, 경쟁사들은 어떻게 접근하고 있는지 등 질문을 하다 보면 고객과 한 팀처럼 느껴질 것이다. 미팅 시간을 잘 조정해서 전후로 점심이나 저녁식사를 함께하는 것도 좋은 방법이다.

정기적으로 방문하라

고위 직급자가 영업 담당자와 함께 고객사를 방문한다면 기대 이상의 효과를 얻을 수 있다. 고객사에 자신들이 특별한 관심과 배려를 받고 있다는 느낌을 줄 수도 있다. 우리 쪽에서 사장이 방문할 테니, 고객사도 그에 맞는 적절한 상대를 참석시켜달라고 요구해보자. 고객사와의 관계가 한 단계 성장할 것이다.

특별한 이슈가 없더라도 고객들과 접촉해서 진지하게 이야기를 들어주기만 해도 기존 고객이 이탈하는 것을 막을 수 있다.

설문조사를 실시하라

기존 고객을 대상으로 정기적인 설문조사를 실시해보자. 단, 내용이 너무 무겁거나 형식적이지 않아야 한다. 그러면 오히려 고객 담당자들의 원성을 살 수 있다.

다시 강조하지만 고객은 언제나 바쁘다. 고객이 좋아하는 것, 만족하는 것, 그리고 싫어하는 것, 만족하지 않는 것을 파악하자. 대부분의 질문을 객관식으로 만들고, 주관식은 마지막에 많아야 한두 개정도만 넣는다.

설문조사가 하나의 주제와 콘셉트를 갖도록 하면 문항을 잘 구성할 수 있을 것이다. 막연하게 '고객 만족도 설문조사'라고 하지 말자. 좀 더 구체적으로, 마치 이벤트를 하듯이 하나의 주제를 정하자. '○○사의 배송 서비스를 개선하기 위한 설문조사'처럼 특정한 메시지를 던지자.

맞춤형 이벤트를 진행하라

우리 서비스를 도입한 지 1주년이 됐다면 그냥 넘어가지 말자. 서비스 도입 1주년을 기념해 고객사 직원을 몇 명 추첨해 커피 전문점 상품권 등의 경품을 증정해보자. 큰돈을 들이지 않고도 고객사 직원들에게 신선한 느낌을 줄 수 있다. 처음부터 너무 거창할 필요는 없다. 위트와 여유를 담아서 소소하게 진행하라.

제공하는 서비스 중에 유료 옵션 기능이 있다면 상품권 대신 그 옵션을 선물로 주면 더 좋을 것이다. 그러면 자연스럽게 그 직원이 홍보대사가 될지도 모른다.

떠나는 고객에게 먼저 등 돌리지 않는다

말없이 떠나가는 고객이나 잔뜩 성질을 부리고 떠나는 고객에게 정중히 고개 숙여 인사하자. '실망시켜드려 죄송하다' '그동안의 성원에 감사하다' '언젠가 꼭 다시 돌아오시기를 희망한다'라는 희망의 메시지를 덧붙이자.

지금은 불만이 있어 이탈한 고객이지만 몇 개월 정도 시간이 지나면 다시 한번 미팅을 시도하자. 그사이에 다른 경쟁사에 불만이 생겼을 수도 있다. 사람 일은 모르는 것이다. 한 번 떠난 고객이라고 해서 영원히 돌아오지 않을 거라 지레짐작하지 말자.

영업은 결과로 말한다

ⓒ 유장준, 2018

초판 1쇄 발행 2018년 2월 9일
초판 6쇄 발행 2022년 5월 4일

지은이 유장준
펴낸이 유정연

이사 김귀분
책임편집 신성식 **기획편집** 조현주 심설아 유리슬아 이가람 서옥수 **디자인** 안수진 기경란 디자인붐
마케팅 이승헌 반지영 박중혁 김예은 **제작** 임정호 **경영지원** 박소영

펴낸곳 흐름출판(주) **출판등록** 제313-2003-199호(2003년 5월 28일)
주소 서울시 마포구 월드컵북로5길 48-9(서교동)
전화 (02)325-4944 **팩스** (02)325-4945 **이메일** book@hbooks.co.kr
홈페이지 http://www.hbooks.co.kr **블로그** blog.naver.com/nextwave7
출력·인쇄·제본 성광인쇄 **용지** 월드페이퍼(주) **후가공** (주)이지앤비(특허 제10-1081185호)

ISBN 978-89-6596-249-6 03320